对分课堂教学手册丛书

丛书主编　张学新

对分课堂之高校体育类课程

The PAD Class for College Physical Education Courses

上海市教育委员会2014年上海高校特聘教授（东方学者）岗位计划支持

上海市教育委员会2016年高校本科重点教学改革项目（“基于对分课堂新型教学模式的本科教学改革研究”）支持

孙卫红　安剑群　韩宝红　著

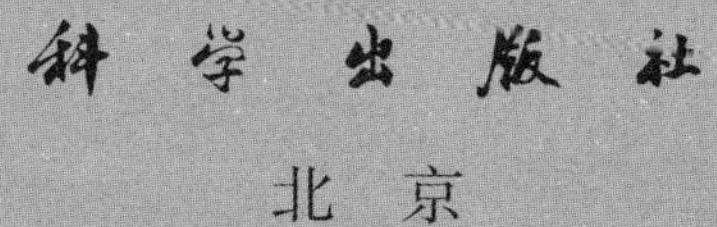

北　京

内 容 简 介

本书从运用对分课堂进行高校体育教学的必要性和可能性入手，全面展示在高校体育教学论、大学健美操、大学瑜伽三门课中运用对分课堂教学模式的理念和方法，尤其通过大量案例的介绍和分析，以及在课程中运用对分课堂教学模式的经验分享，让读者在深入理解对分课堂教学模式内涵的同时，也能够领悟到高校体育理论课程和术科课程运用对分课堂教学模式的操作方法，不但理论性强，而且具有很强的可读性。

本书适合对对分课堂教学模式感兴趣的教师，尤其对承担高校体育专业课程及担任大学公共体育课程的教师有很好的借鉴和参考价值。

图书在版编目(CIP)数据

对分课堂之高校体育类课程/孙卫红，安剑群，韩宝红著. —北京：科学出版社，2017.1

（对分课堂教学手册丛书）

ISBN 978-7-03-051945-0

I. ①对… II. ①孙… ②安… ③韩… III. ①体育教学–教学研究–高等学校 IV. ①G807.4

中国版本图书馆 CIP 数据核字（2017）第 040374 号

责任编辑：乔宇尚 崔文燕 郭亚会 / 责任校对：贾娜娜

责任印制：张 倩 / 封面设计：黄华斌

科学出版社 出版

北京东黄城根北街 16 号

邮政编码：100717

http://www.sciencep.com

三河市骏杰印刷有限公司印刷

科学出版社发行 各地新华书店经销

*

2017 年 1 月第 一 版 开本：890×1240 1/32

2017 年 1 月第一次印刷 印张：6 3/4

字数：188 000

定价：28.00 元

（如有印装质量问题，我社负责调换）

对分课堂教学手册丛书编辑委员会

主　　编　张学新

副 主 编　陈湛妍　王雨晴　董宏革

编写人员　（按姓氏拼音排序）

安桂花　安剑群　鲍丽娟　本志红
蔡秋文　曹浩智　陈慧娟　陈妙玲
陈瑞丰　陈修文　丁丽红　冯　锵
龚　雯　韩宝红　韩秀婷　何　玲
贺　红　胡　真　黄锦标　黄天锦
黄向前　黄　莺　姜梅芳　李道琴
李　莉　梁　琨　刘明花　刘明秋
刘志平　马莉莉　马珊珊　马迎红
闵紫雯　宁建花　孙　帆　孙桂秋
孙欢欢　孙卫红　孙小春　谭永定
田　青　王继红　王建勋　王文娟
王晓玲　王银珠　魏　波　温婷婷
吴金枝　徐含笑　杨　红　杨建新
杨丽萍　杨永华　姚海洪　岳梦琳
岳喜凤　张长君　赵婉莉　郑隆慧
钟　铃　周　瑾

丛书序

个性化时代中国教育的新探索

一、令人惊喜的新型课堂

“对分课堂”是我提出的一种新的教学模式。形式上，它是把课堂时间一分为二，一半留给教师讲授，一半留给学生进行讨论；实质上，它是在讲授和讨论之间引入一个心理学中的内化环节，使学生对讲授内容吸收之后，有备而来地参与讨论。

这样一个看似简单的设计，却取得了惊人的效果。2014 年春，我首次在复旦大学心理系的本科生课程上实践对分课堂，受到学生的欢迎。随后，对分课堂不胫而走，迅速传播到全国大部分省（自治区、直辖市），甚至传到非洲，在对外汉语教学中也取得了显著成效。两年间，借助互联网和使用者的口碑，对分课堂风行全国，在数百所高校的上千门课程中得到应用，覆盖人文、理工、医学等多个领域及外语、音乐、美术、体育等多个学科，被列入教育部和上海市教育委员会教师培训项目，获批上海市本科教学改革重点课题。同时，对分课堂也迅速进入基础教育领域，从小学一年级到高中三年级都涌现出了很多成功的案例，得到众多一线教师、特级教师和校长的高度认可，被誉为“魔力课堂”，被列入上海市教育委员会“十三五”基础教育教师培训的网络课程。另外，各地教师以对分课堂为题，获得 140 多个教学改革立项，包括 36 个省级课题，其中 31 个来自高校，5 个来自中小学。

各地学校相继组织关于对分课堂的讲座和培训，总数超过百场，覆盖教师群体上万人。常常是一场讲座下来，教师激情澎湃，学校领导当场认可，随后在全校推广。很多时候，一次课下来，教师立刻感受到对分课堂的好处，一个学期下来，学生的成绩大幅提升。在成绩之外，更重要的是开心的学生、快乐的教师、活泼的课堂氛围、融洽的师生关系和令人满意的教学效果。教学的众多美好的理想在对分课堂上一一成为现实，幸福来得太快，令人不敢相信。运用对分课堂，教材不变、大纲不变、进度不变，不花钱、不买设备，好学、易用，效果常常立竿见影。对分课堂真有这样神奇吗？如果有，该如何操作？对于这些问题，本套丛书尝试给出一些参考性的回答。

二、对分课堂的核心理念

现代教育制度的核心标志是夸美纽斯于 1632 年建立的班级授课制。班级授课制的基本教学模式是讲授法。讲授法能实现系统、高效的知识传递，迅速培养大量专业性人才，是与工业化时代相适应的教学模式。然而，在讲授法之下，学生只是被动地接受，主动性得不到发挥，能力无法得到提升。在后工业化时代，社会资源十分丰富，个人自由度大幅提升，社会生活的网络关系变得前所未有的复杂，千人一面、缺乏个性的教育，固守传统、不能创新的教育，高高在上、脱离现实的教育，日益受到诟病。这时，全世界的教育都面临着五个重大挑战，即如何促进个性化发展，如何培养社会责任感，如何增强和谐相处能力，如何培养创新能力，如何回应社会高速发展中不断产生的现实需求。

从 20 世纪初开始，全世界进行了很多教学改革，最为成功的是在美国被广泛实践的合作学习。常见的研讨式教学、问题式教学（problem-based learning，PBL）、案例教学、高效课堂、自主课堂等都是合作学习的变种，其核心特点是通过讨论，提升学生的参与性和主动性。然而，虽经近百年的探索，对合作学习的应用仍然有限，合作学习也没有取代讲授法，主要原因在于讨论式课堂牺牲了系统性的知识学习，讨论的质量和效果常常无法得到保证。

对分课堂通过对内化和吸收过程的强调，实现了讲授法和讨论法两大教学模式的整合：讲授是为了基于独立思考的内化，而内化的成果则通过社会化学习在讨论中得到展示、交流和完善，既保证了知识体系传递的效率，又充分发挥了学生的主动性。

从对分的角度看，讲授法的问题在于过分强调了教师的权威，压抑了学生的个性，而讨论法的问题在于，过分强调学生的权利，造成了教学秩序的混乱。本质上，对分课堂重新分配了教学中的权利与责任，它赋予学生应有的权利，让学生承担应尽的责任，体现了对学生最大的尊重，为课堂营造了一种民主、对话、开放、自由的氛围，也因此使课堂变得和谐、舒畅、充满乐趣、生气勃勃。人类的文明已经进入了一个新时代，对分课堂顺应人性，释放人的潜力，张扬个性，孕育创造，为探索后工业时代的教育范式提供了新思路，有可能会显著促进社会经济文化的发展。

三、理实交融的教学改革

对分课堂看起来简单易行，实际上非常考验教师的能力。有的优秀教师运用对分方法，课堂瞬间焕发光彩，也有很多教师心生羡慕，却不知如何下手。出现这样的情况是十分正常的，因为一种新的教学模式能够最先实践成功的一定是少数教师，与其他教师相比，他们更有思想、热情和勇气。即便是这些教师，由于对分课堂带来教学理念根本性的颠覆，他们在初期也会犯很多错误，如武侠小说中的六脉神剑，时灵时不灵，不能充分发挥对分课堂的力量。对分课堂不是一两个环节的改变，而是整个教育、教学理念的全面变革，在简明的操作流程背后，蕴含着极其丰富、深刻的心理学、教育学原理，需要教师慢慢体会。对分课堂的运用是低门槛、无上限的，任何人都可以用，但能否顺利运用或取得较好的效果，要看个人的理解和素养。

作为一个范式，对分课堂在各个学段、学科的运用，需要先锋教师在实践中逐步探索，形成具体的操作细则，再尝试在更广泛的教师群体中运用、验证、完善。2016年春节，我觉得应该汇集前期对分课堂实践的经验，为关注对分课堂的广大教师提供参考。于是，我便邀请一些在对分课堂教学中取得一定实践成效的教师（来自13个省份29所学校的共65位教师），开始编著本套丛书。丛书汇集了集体的智慧，尽可能请多位教师合作，取长补短。第一批计划出版17本，包括总论和16本分册，覆盖11类高校课程和5类中小学课程，分别为“高校思想政治理论课”“大学英语”“大学心理学”“高等数学”“医学护理学”“高校艺术类课程”“研究生公共英语”“对外汉语”“高校体育类课程”“大学生物学”“第二外语辅修与专业课程”和基础教育的“高中语文”“高中英语”“高中数理化”“中学地理”“初中英语”。总论侧重于理论分析，分册则针对具体学科，详细介绍对分课堂在具体学科中的操作流程和要点，帮助一线教师在自己的教学实践中迅速、成功地运用对分课堂。

在全世界范围内，教育改革成功的案例并不多，其中一个主要原因是教育改革常常从理念出发，而从理念到实践还有很大的距离。对分课堂从可操作的方法出发，确认有效果后再进行推广，基于大量实践进行理论提升，再用理论去指导实践，符合人类认识发展的根本规律。对分在一开始就是一个高度实用的操作流程，注重细节和完整性，先形成一个可用的版本，然后通过大量实践，汇集集体智慧，发现问题、解决问题，在快速迭代中优化流程。对分实践获得的经验不是支离破碎的，而是被整合在一个理论框架之中；这个理论也不是空洞的，而是与教师的教学实践相结合。本套丛书能做到实践与理论的紧密结合，在中国乃至世界的教学类书籍中实属难得。未来我们欢迎更多的一线教师参与进来，使本套丛书覆盖更多科目，不断修订、重版，成为中国教师乃至世界教师的工具书。

对分课堂在教育理念上的一个核心观点是不以成败论学生。学生是否知道了正确答案，并不是最重要的，勇于思考、善于思考才是第一目标。对分课堂是一个重大的教学改革，丛书的作者实践对分，最长的两年半，最短的两个学期，经验不足是难免的，存在疏漏也是难免的，但我们希望读者不要试图从丛书中寻找标准答案。

基于不同的理解、不同的场景，不同的分册可能会出现互相对立的答案。丛书不能保证自己的正确性，也不能保证按书里的做法一定能取得好效果。丛书只是反映了作者当前的实践和认识水平，给读者提供一个参考。让对分在自己的课堂上开花结果，读者自己也有一半的责任。同时，睁开眼睛，开动脑筋，展示自己的才能，参与对分的创造，这也是实施对分的本意。

四、集体智慧和群众力量

感谢“对分课堂教学手册丛书”的所有作者，愿意投入巨大的时间和精力分享他们的经验和收获！我代表丛书全体作者，感谢所有勇敢开启对分课堂实践之路的千百位教师！他们对教学的高度热爱，他们非凡的勇气、智慧和行动，使对分课堂能够与具体学科的教学相结合，带来了对分的成长和壮大。感谢所有实践对分课堂的同学们，特别是第一个对分班级——复旦大学心理系本科2013级全体同学！

感谢复旦大学教师发展中心陆昉主任、丁妍副主任，以及范慧慧、曾勇、方雁、李娜老师和中心特邀研究员陈侃教师！感谢教务处徐雷处长、王颖副处长、徐珂副处长、孙燕华老师！感谢《复旦教育论坛》熊庆年主编，上海易班发展中心和杨佳老师，上海市教育委员会高校教师培训项目的领导，上海师范大学EDP中心黄健主任及张斌、刘永老师！感谢他们在对分课堂发展过程中给予的宝贵支持！

感谢众多高校教务部门、教师发展中心和相关领导给予的支持！感谢教育部对口支援计划，让河西学院教师安桂花把对分课堂带回甘肃，在学校、学院领导的支持下在全校推广！感谢河西学院学校和教务处、教师教育学院、外语学院的领导和老师！感谢田家炳基金会及总干事戴大为先生为2015年8月的首届对分课堂全国研讨会提供赞助，并帮助我们把对分课堂推向西部中小学！

感谢岭南师范学院对举办对分课堂华南地区研讨会的支持！感谢河南平顶山学院——我的家乡学校，在全校推广对分，感谢苏晓红副院长，教务处李波处长、史玉珍副处长，计算机学院吕海莲院长和多位领导、老师！

感谢教育部网络培训中心吴勇、刘艳、付舒婷老师，让对分课堂通过网络走到了全国高校教师的身边，通过国培项目走向了云南边远乡村的中小学！感谢江西省高校师资培训中心及周礼芳老师，通过组织的五次讲座，让对分传播到江西省所有的本科高校！

感谢张掖市甘州中学兰小丽、广州新滘中学张春燕、湛江市第八小学苏勤老师，率先把对分课堂成功应用于中小学课程！感谢南通市南通中学陆晓蔚老师，率先把对分课堂和“对分易”平台成功运用于初中体育课！

感谢甘肃省白银市田家炳中学顾克晅校长在全校推广对分教学！感谢兰州田家炳中学教导主任张维民老师组织全校性的教研团队，在所有主科目上开展关于对分课堂的系统性的实证研究！感谢《教育文摘周报》刘军伟编辑帮助我们在中小学推广对分！

感谢师培联盟（北京）教育科技研究院和北京中教国培教育咨询中心组织对分课堂专题培训！感谢上海情绪疗愈学院和张迪薇院长在新型心理健康课程中推广和应用对分课堂！感谢北京三圣学堂马琴老师在传统文化教育中运用对分课堂！

感谢上海电机学院陈瑞丰老师，上海杨行中学胡真老师，上海心理学会基础教育专业委员会主任秦启庚教授，专业委员会对分课堂项目组吴静、仇红老师，滨州职业学院仲广荣、张秀霞老师！

感谢王培雄、王永锋、郑娟、徐霖等组织团队创造了使用便捷、功能强大的“对分易”教学平台，为众多教师的对分教学提供了巨大的便利！

感谢复旦大学参与对分课堂实践的各位老师！感谢心理系博士研究生邓世昌、曹雪敏，以及我的硕士研究生王舒、冯俊栋，博士研究生黄锦标等积极探讨和开展对分教学研究！感谢我的博士研究生徐霄扬、李欣琪和助手张瀜予提供的多方面的有力支持！

感谢复旦大学宽松自由的学术氛围，社会发展与公共政策学院和心理系领导和同事给予的支持！感谢上海市“东方学者”计划在资金上为对分课堂的教学改革实践提供的强有力的支持！本套丛书中高校相关的分册得到我本人主持的2016年上海市教育委员会“高校本科重点教学改革项目”的支持，特此感谢！

感谢科学出版社的领导，其中有我的中国科学技术大学学长、现任中国科技出版传媒股份有限公司（科学出版社）总经理彭斌，教育与心理分社付艳社长和乔宇尚编辑！感谢他们的巨大付出！

感谢无法一一列举的众多在对分课堂实践和推广过程中给予我们巨大帮助的老师、朋友和学生！

最后，仅代表我本人，感谢我的哥哥和弟弟对如何推进对分课堂给出的明智而中肯的建议！感谢我的父母张伯重和秦淑香，他们为我树立了慈悲、理性、热情、勇敢的榜样，让我对公正的社会和美好的教育一直心存向往。

五、知识短缺与教育困局

中华文明衰落数百年之后，中国面临着千载难逢的发展机遇。从拼资源、拼体力、拼牺牲走向创新立国，我们最缺乏的是有价值的知识与思想。

2012年，世界著名经济学家、诺贝尔经济学奖得主科斯说：“回顾中国过去三十多年，所取得的成绩令人惊叹不已，往前看，未来光明无量。但是，如今的中国经济面临着一个重要问题，即缺乏思想市场，这是中国经济诸多弊端和险象丛生的根源……思想市场的发展，将使中国经济的发展以知识为动力，更具可持续性。而更重要的是，通过与多样性的现代世界相互作用和融合，这能使中国复兴和改造其丰富的文化传统。假以时日，中国将成为商品生产和思想创造的全球中心。”①

① 科斯. 对2012年《财经》年会致辞. http://v.pptv.com/show/fJ69O6MJcbcamGc.html [2015-04-20].

2016年，新加坡国立大学东亚所所长郑永年说：“中国早已经进入知识短缺时代……中国经济知识的短缺局面已久，并且对经济社会发展产生了极其负面的影响……‘十八大’以来，似乎一切都变了，但唯独中国学术界和政策界的知识短缺局面没有变化，甚至更加严重了。从前的所有问题，今天仍然存在……现在尽管研究者都有博士学位，但很多只有书本知识而没有实践经验。因为他们是典型的读教科书成长起来的，对西方的概念有时候比西方人还玩得熟练，但对中国的实际则是外行。知识短缺的情况不改变，中国的改革就很难从顶层设计转化成为有效的实践，或者在转化过程中错误百出。”①

中国社会的知识短缺，问题无疑出在教育上。一般认为，中国的应试教育和高考制度导致我们的教育落后于西方。而真实的情况恰恰相反，中国的教育看起来比较糟糕，是因为我们在用中国的大众教育与西方的精英教育做比较。精英教育看似美好，其实不仅耗资巨大、不可推广，而且缺陷重重，会使社会产生严重的两极分化，与我们的社会体制并不兼容。如果将中国的大众教育与西方的大众教育相比，中国的教育实际上更为成功：更公平，更民主，对能力培养做得更好。

中国教育的困局在于：一方面，中国教育不能走向精英教育，因为社会主义追求的是共同发展，是陶行知先生倡导的平民教育；另一方面，在大众教育上，特别是在基础教育阶段，欧美的教育是很失败的，并不能给我们提供可以仿效的成功案例。中国教育的根本问题其实是前文提到的全世界教育共同面对的根本问题：如何改变传统的教学模式，有效回应后工业化时代对大众教育的五大挑战，即促进个性化发展、培养社会责任感、增强和谐相处能力、培养创新能力、回应社会高速发展中不断产生的现实需求。

过去100年，欧美国家付出了巨大的努力，尝试变革传统教育

① 郑永年. 中国已进入一个知识短缺的时代. http://opinion.huanqiu.com/opinion_china/2016-01/8447649.html [2016-02-10].

模式。然而，20 世纪二三十年代的进步主义教育运动，六七十年代杜威和布鲁纳领导的课程改革，最近 30 多年的基础教育改革，全部以失败告终。进入 21 世纪，全世界都开始强调重视核心素养，然而各个国家目前仅仅是制定了框架，至于如何实施，思路还不明确。

六、中国教育的超越之道

中国社会主义的政治体制，是保证教育公平和实现大众教育最宝贵的制度优势，中国社会重视教育、刻苦学习的历史传统，是发展大众教育最好的文化背景，中国源于科举制度的以高考为核心的统一考试模式，是世界教育史上的伟大创新，如果能与新技术结合走向新型的“海量高考”，将是高质量大众教育的切实保障。一旦中国率先突破 400 年的传统教学模式，中国的教育完全有可能超越西方，引领世界教育的新潮流。

课程改革、教材改革、教师培训最终都需要与课堂相结合。只有课堂真正改变了，课程、教材和教师方面的变革才能整合起来、落实下去。课堂改革是教育改革的“最后一公里”，这是当前世界教育界达成的共识。过去 20 年最流行的教学改革，如自主课堂、高效课堂、翻转课堂、慕课，都没有给传统课堂带来实质性的变化。

对分课堂能否破解世界性的教育难题，实现课堂的真正变革？对分课堂能否带来中国社会思想夜空的星光灿烂，为民族复兴与大国崛起奠定坚实的基础，为全球化时代的世界教育与社会发展带来新的转机？所有认可和支持对分课堂的“对粉”们，让我们衷心期待，共同努力！

张学新

2016 年 12 月于复旦大学

前　言

随着我国经济社会的迅速发展，高等教育的发展速度惊人，但在高等院校数量增加的同时，高等教育的质量却让人担忧。张德江指出，中国高等教育人才培养质量与世界先进水平的差距体现在多个方面，其中最主要、最直接的是学生的学习状态、学习方式与学习产出。学而不习、知而不识、文而不化的问题，制约着培养质量的提高。①

不可否认，我国还长期处在应试教育的模式中。课堂教学注重知识的传授，学生习惯满堂灌、填鸭式的教学方式，学生通过死记硬背掌握考试技巧学到更多的知识，至于为什么学、如何学，并没有太多的思考，学生学习兴趣和激情受到很大的冲击。当高考压力一旦释放，进入大学生活，学生首先缺乏的就是学习的动力。“上课不注意，课后不复习，考前紧突击，考后就忘记”，如此应付学习成了大学里很多学生的真实写照。大学生成为手机“低头族”不足为怪，大学生上课玩手机的现象引起了很多人的关注。一些学校和教师想出了很多方法遏制大学生上课玩手机的现象，然而这种现象产生的根源并不在于手机本身，而在于我们的课堂缺乏足够的吸引力。因此，要解决这一问题，我们思考的重点还应该放在如何增强课堂的互动性，如何给予学生更多他们感兴趣的前沿知识，如何利用多媒体给予学生立体的感受等方面。简单地清除手机就如同筑

---

① 陈彬. 课堂低头族, 谁的“病态”. 中国科学报, 2016-3-17, (7).

坝拦洪，适当做是可以的，但最终的解决方式依然是“疏”，而不是“堵”。[①]

与长期应试教育下学生缺乏学习积极性和创新性的现实相比，信息化、全球化的社会发展对人才的要求却越来越高，较强的学习能力和创造性的思维都成为当代社会人才标准最为重要的内容。同时，信息社会和网络社会为人们提供了更多的学习机会和平台，这给高校人才培养的最主要职能带来不小的冲击。因此，高等教育提升人才培养质量、培养创新型人才的历史使命和现实要求促使高等教育必须应时而动，做好教育教学改革，寻求人才培养的最佳路径。[②]

由此，越来越多的学者开始关注高校人才培养质量的问题，其中，高校课堂教学质量的提高成为热点，针对高校课堂教学改革的研究如火如荼地展开。在众多高校教学改革的研究中，对分课堂教学模式因其可操作性强、教学反馈良好而备受关注。

孙卫红

2016 年 7 月

① 陈彬. 课堂低头族，谁的“病态”. 中国科学报, 2016-3-17, (7).

② 王华. 刍议讨论式教学法在高校课堂教学中的应用. 黑龙江高教研究，2011，10: 166-168.

目　录

第一章

运用对分课堂教学模式的依据

第一节　对分课堂教学模式介绍

针对当前高校课堂教学效果不佳、学生学习动力不足的现象，2014 年，复旦大学张学新教授在分析传统讲授式教学与讨论式教学各自优势和局限的基础上，提出新的教学模式，因为强调课堂的一半属于教师，另一半属于学生，所以称为“对分课堂”。其核心理念是充分尊重学生的课堂参与，既发挥教师课堂讲授对学生学习的帮助，又强调学生的自学和交互式讨论。在教学目标上，要求学生的学习不仅是复制、理解，更应该是运用、创造。针对当前我国高校课堂的特点，对分课堂模式包括讲授（presentation）、内化吸收（assimilation）和讨论（discussion）三个教学环节，也可简称为 PAD 课堂。[①]在课堂讲授环节，教师只讲授理论框架和重点、难点，避免照本宣科，课堂讲授是学生进行内化吸收和讨论的重要基础和前提；

---

① 张学新. 对分课堂: 大学课堂教学改革的新探索. 复旦教育论坛, 2014, 12(7105): 5-10.

结合课堂讲授，学生在课后通过作业进行知识的整合，这个环节强调学生独立学习，重点在于学习态度；在完成作业的基础上，学生回到课堂根据教师的讨论主题进行交互式讨论和学习。显然，讨论环节强调学生对知识的运用，并且需要学生有一定的思考能力和交流能力。讲授、内化吸收和讨论三个教学环节在时间上界限清晰，内容上相互联系，共同完成课程总的教学目标。

随着越来越多的高校和中小学在不同学科中实施对分课堂，这种教学模式的优势日益凸显。不管是课程实施者还是教学评价者都感受到对分课堂实施过程中“教师负担减轻，学生学习主动性增强、学习积极性提高，课堂氛围生动活泼”①，“教一学”活动成为教师自我实现的舞台，也成为学生自我实现的舞台。②对分课堂成为继翻转课堂后掀起的又一股适合中国课堂教学改革的热潮。③

“对分课堂”最为重要的是引导学生投入课堂、主动学习，通过提前准备，有效地提高课堂讨论的针对性、实效性，学生能在讨论中谈自己的认识，同时又因为听到其他同学的观点，完善自己的认识，这种交互式的学习，学生很乐于投入思考，并且常常因为认识的变化而倍感成就，因为有了成就感又更愿意投入下次的学习，进而形成学习上的良性循环。因此，通过“对分课堂”，学生会因为学习的进步而获得成就感，因为表达而得到自我存在的满足，不但得到认识上的提升，而且会因为这种学习方式获得更多的自信、愉

① 李建铁. 基于“对分课堂”创新思想政治理论课教学研究. 教育观察(上半月), 2015, 10 308(4): 93-95；饶俊峰. 对分课堂在电气工程专业课程的应用. 课程教育研究, 2016, 1: 243.

② 陈瑞丰. 对分课堂：生成性课堂教学模式探索. 上海教育科研, 2016, (34 603): 71-74.

③ 王霞. 对分课堂：英语阅读教学的新探索. 课程教育研究, 2015, 36: 250-251.

悦和更高的学习积极性。

第二节　体育教学论课程运用对分课堂教学模式的依据

一、体育教学论课程运用对分课堂教学模式的必要性

体育教育专业学生属于专业比较特殊的大学生群体，因为学习课程里有很大一部分都是需要身体实践的术科课程，消耗很多体力，而且长期的体育训练和学习使体育教育专业学生习惯或更加喜欢实践性更强、学习空间更宽阔的术科课程。这使得高校课堂教学的问题在体育教育专业学生课程尤其是理论课程中表现得更加突出，不少研究者开始关注体育教育专业学生学习的问题。有学者研究体育教育专业学生学习倦怠的问题，认为学习倦怠是指学生对学习没有兴趣或缺乏动力却又不得不为之时，就会感到厌倦、疲乏、沮丧和挫折，从而产生一系列不适当的逃避学习的行为。而体育教育专业学生的倦怠主要表现在三个方面：①学生专项训练辛苦，加之有些学生自认为理论课学习没有用处，在课堂上睡觉、玩手机等，理论课倦怠情绪非常严重；②有些学生自认为身体素质好，在技术课内容枯燥、无味、缺少挑战性的情况下，课堂上表现出懒散、经常迟到、早退甚至逃课的现象；③有些学生自认为自己前途一片渺茫，平时逃课、考试作弊、沉迷于网络，完全放弃学业，放弃对体育教

育专业知识的学习。针对体育教育专业学生学习倦怠的原因和对策的研究发现："教师在课堂中运用正确、科学的教学策略方法可以宏观地影响整个教学环节，针对学生的实际情况，规划出正确的教学方案，提高课堂的学习效果。"教学实践证明，教师课堂教学过程中如果不能使用正确的教学方法进行授课，就容易使师生精力消耗大，并且教学效果差，甚至导致学生对课程产生倦怠情绪。[①]

体育教育专业是师范类传统专业，培养的人才主要面向体育教师、社区体育指导员、教练等各项工作岗位。有不少研究针对体育教育专业学生理论学习的问题展开，林辉杰对高校体育教育专业学生理论课学习现状进行研究，结果显示：①体育教育专业学生没有能够较好地掌握体育教育专业的理论知识、教育教学理论知识。②体育教育专业学生对所教的内容不能够较好地掌握，主要原因是传统的教学方法导致学生对学习内容的掌握产生了偏差。③在课外少量的理论课学习时间里，体育教育专业学生的学习情况无计划性可言，缺乏有效的学习动力。④改善理论课学习氛围，形成良好的理论课学习习惯，目前高校亟须展开的工作是提高学生理论课学习水平，并且从越低年级开始效果就越好。[②]张亚平研究了体育教育专业学生对专业理论课学习的态度及影响因素，结果显示：学生对专业理论学习不感兴趣；教师的授课方法、教师的教学风格是影响学生理论学习态度的关键因素；学习气氛、考试制度也是影响

① 南天涯，杨风，孙建鹏. 四川省高校体育教育专业学生学习倦怠情绪分析. 贵州体育科技, 2015(1): 27-31.

② 林辉杰.浙江省高校体育教育专业学生理论课学习现状调研. 湖北体育科技, 2008(1): 63,95,96.

专业理论学习态度的较重要因素。在为湖南省高校体育教育专业所开设的公共理论课、技术理论课、体育基础理论课三类理论课程中，学生最感兴趣的是技术理论课，其次是体育基础理论课，最后是公共理论课[①]。

显然，学生体育教育专业学习动力缺乏，尤其是理论课程学习积极性不高已经成为体育院校体育教育专业人才培养亟须解决的重要问题。

为提高高校课堂教学质量，诸多学者试图完善高校教学方式或教学模式，于是一些针对应试教育弊端而提出的一些教学模式或方法越来越受到大家的关注，其中比较多的是“讨论法”“分组合作法”“师生互动”教学模式等，但普遍在实践操作模式上分析得不够深入。

20 世纪 80 年代，我国分支学科教学论开始建立基本的理论体系，最初集中在体育教学内容和体育教学方法上。1988 年四川教育出版社出版了第一本体育教学论，之后，体育教学论开始逐渐成为一门独立的学科，时至今日，形成了比较成熟的理论框架和内容知识体系。2003 年，教育部高等学校体育教育专业培养方案把体育教学论定为“主干课程”，2012 年，我国《普通高等学校本科专业目录》明确体育教学论为核心课程。体育教学论是体育教育专业学生重要的专业理论课程。

长久以来，因为体育教学论与学校体育学、体育教学设计、中

---

① 张亚平，邵伟德. 体育专业学生对专业理论课学习的态度及影响因素. 体育成人教育学刊, 2003, 19(4): 17-18.

小学体育教材教法等课程在内容、教学方式上有着很大的相似性，这几门课程的区别和联系成为学者讨论的热点问题，也是各个高校在体育教育专业人才培养中需厘清的重要问题。其实，对体育教学论课程的正确定位不仅需要与学校体育学、体育教学设计、中小学体育教材教法等课程相区别，还需要与学生教育见习、教育实习等教育实践活动相联系。体育教学论课程与学校体育学、体育教学设计、中小学体育教材教法等课程之间的区别和联系见表 1-1。

表 1-1　体育教学论与相关课程的关系

课程名称	课程目的	课程特点	备注
学校体育学	全面了解学校体育各项工作的要求和内容	以理论讲授为主，理论性强	作为教育见习第一阶段结合的课程
体育教学论	深入理解学校体育教学工作规律及要求，能熟练完成教案的撰写和说课的设计及实施	需要有一定的实践课程，理论和实践相结合	作为教育见习第二阶段结合的课程
体育教学设计	通过实践强化体育教学设计能力	有一定理论性，但需要在实践活动中深化理论知识，提高教学实践能力，实践性较强	作为教育见习第三阶段结合的课程
中小学体育教材教法	重点理解中小学体育教学中的具体教学内容及教学方法的设计及实施	针对中小学体育教学内容和方法的问题强化学生教学技能，实践性强	作为教育见习第三阶段结合的课程
教育实习	整合各个课程内容，锻炼和提高教学技能		

显然，体育教学论课程旨在让学生了解体育教学的基本理论，掌握体育教学的基本技能，不但要求学生理解体育教学的基本理论，而且要求对理论有初步的运用和实践。

目前学界对体育教学论都有很多困惑。理论和实践如何平衡？学生如何理解理论，又如何在理论的基础上提升实践教学能力？不管学校还是学生都非常重视学生的教学能力，但因为这门课程一般偏重理论，学生感觉学不到什么实用的内容，因而又不太愿意投入学习，那该如何结合实践提升学生的理论认识和水平？

随着“实践取向”理念被引入《教师教育课程标准（试行）》和教师专业标准，关于实践取向的教师教育课程改革也更加成熟而理性。[①]作为一门培养师范生职业技能的重要专业课程，学科教学论如何实施实践教学更是得到重视和关注。体育教学本身具有极强的实践性，体育教学技能的培养和提升更是需要有极具实效性的实践教学。不管是掌握教育教学基本理论，还是具备教学设计、说课和上课等教学技能，都离不开课堂上的实践教学活动。当前随着基础教育课程改革的推进，全国性及各省市、地区的师范生教学技能大赛很多，这对体育师范生的教学技能提出了更高的要求。在体育教学论课程教学中，如何通过有效的实践教学活动让学生获得基本教学理论知识和教学技能显得尤为迫切。

目前我国大部分高校都是以理论课定位体育教学论。通过对 12 所高校体育教学论教学情况的调查，周雪林发现包括讨论、观摩、案例分析在内的实践教学所占课程总教学时数的比例最高的学校是 44%，最低的是 12%。这说明尽管承认实践教学在体育教学论课程的学习中很重要，但教学方式依然是“以教师理论讲授为主，实践

① 陈萍. 实践取向理念下开展学科教学论课程情景性学习的策略. 江苏师范大学学报(教育科学版), 2013 (15S3): 26-28.

教学为辅”[①]。因为采用讲授法为主的教学方法，体育教学论重视理论知识的学习，忽视对理论知识的运用和课堂参与，学生往往无法在学习中融入自己的经验，大部分学生只能做到对理论知识的简单复制，无法与自己原有的知识结构进行重组，理论成了师范生记忆的材料和应付考试的内容。[②]可见，体育教学论实践教学在实际教学过程中并不受重视。

即使开展实践教学，体育教学论依然存在或者只是凸显与理论讲授不同的形式，不够系统和深入，或者理论与实践脱节的问题。如果实践的目的只是为理论的学习提供支撑，学生还是只能做到知识的复制、理解，而无法提升到运用的层面。显然，体育教学论课程不但要求学生理解体育教学的基本理论，而且要求学生对理论有初步的运用和实践。学生通过自身在中小学体育课的经历对体育教学有一定的感性认识，这种认识建立在学生的角度并不系统，但是深刻。体育教学论课程的学习是对这种感性认识的重组、完善，从教师的角度，把教学活动进行目标、内容、方法、过程等各要素的安排和设计。这不仅需要有教学理论知识的理解和融入，还需要在实践中的运用，在理解、运用中不断思考，完善原有的对体育教学的认识，最终创造性地形成自己的教学认识和理论。只有通过实践运用，才能让学生在感性认识上实现教学知识的重组，上升到理性认识，完成学习。只有这样，“集理论性和应用性于一体的综合性

① 周雪林. 我国本科《体育教学论》实践教学体系的构建研究. 长沙: 湖南师范大学硕士学位论文, 2010.

② 陈萍. 实践取向理念下开展学科教学论课程情景性学习的策略. 江苏师范大学学报(教育科学版), 2013 (15S3): 26-28.

学科性质”[①]才能在课程实施中得以体现。

对分课堂教学模式的实施为体育教学论课程教学中理论与实践的结合提供很好的模式。体育教学论课程本身是提高体育教育专业学生体育教学能力，通过对分课堂的教学模式，学生能够更加深刻地理解教学，尤其是更为深刻地理解教师和学生的关系，从而为学生以后的体育教学工作提供很好的参考和启发。由此围绕体育教学目标、体育教学内容、体育教学主体、体育教学设计、体育教学方法、体育教学评价等学习内容形成理论与实践相融合的体育教学论对分课堂教学模式。

二、体育教学论课程运用对分课堂教学模式的可行性

（一）授课教师情况分析

授课教师在运用对分开展教学过程中，不但需要有扎实的学科背景，熟悉所教授的课程内容，而且需要有非常强的总结问题、分析问题的能力；能够根据学生特点和学习基础，设计合理的问题，并且根据学生学习情况不断调整问题设计；能够很好地组织讨论，总结讨论中的问题。授课教师开展对分课堂教学的优势如下。

1. 学科背景扎实

授课教师即为笔者，笔者的本科是体育教育专业，硕士和博士

① 张学忠，毛振明，崔颖波等. 体育教学论的概念、性质、对象和任务的研究. 成都体育学院学报，2005，4：108-111.

的研究方向都是体育人文社会学专业学校体育学，目前主要研究方向是体育教师的发展，因而对体育教育专业学生的学习能力及专业要求有长期、深入的思考。另外，笔者作为体育系主任，对课程定位和学生总体情况有更全面的认识。

2. 熟悉教材

笔者从 2011 年开始教授体育教学论课程，最开始的教学比较重视理论，课堂讲授比较多，虽然尽量结合实践，但还是在调动学生积极性方面有些吃力，后来逐渐地偏向学生实践，较多地联系学生实践问题进行教学，因而基本形成专题或模块式的教学单元。此外，笔者还教授体育教学论课程联系最为紧密的学校体育学课程，因此在体育教学论课程的教材分析上非常熟悉且具有一定的针对性。

3. 熟悉学生

在每一学期体育教学论课程学习之前，笔者已经在上学期对教学对象在学校体育学课程上有非常深入的了解并与他们进行了深入的交流，熟悉每个班级的学习基础、学习特点。而且因为笔者在学校体育学课程中的期中考试和期末考试中都作过细致的试卷分析，所以笔者对学生在体育教学中的主要问题和原因都有初步的了解。

基于以上对教材和学生的熟悉，笔者能够有针对性地开展对分教学模式的设计、调整和总结，尤其能够针对课程学习目的，针对学生学习的不足开展有效的问题设计，并能根据学生学习情况及时作出调整。

（二）学情分析

体育教育专业是我国师范教育最早建立的专业之一，有比较成熟的专业定位和就业去向，学生从报考到入校学习都非常清楚自己未来体育教师的身份，所以对于能够提升体育教学技能的课程比较重视，体育教学论就是学生不敢随意对待的课程之一。

但是体育教育专业学生因为其专业的特殊性，习惯了在各种身体活动过程中学习，普遍喜欢术科课程，而不太愿意安静地坐在教室学习理论课程。因此，在该课程的教学中，调动学生积极性，让学生能够主动地投入课堂是最为关键的问题。例如，这学期体育教学论课程授课对象包括 2013 级所有学生，共 4 个班级，每个班级大概有 55 人，其中每个班女生在 10 人左右，作为行政班级，每个班的学生在一起经历了两年的大学生活，彼此很熟悉，这为教学中的分组和讨论创造了很好的条件。4 个班级之间的差异不是很大，可能存在的差异主要表现在有些班级比较活跃，课堂氛围可能更好些，还有些班级学生理论学习能力稍差些，可能会影响讨论的效果。学生学习准备方面还存在以下两个特点。

1. 学生学习基础上还缺乏体育教学的系统理论知识和实践

体育教育专业学生在大一的时候通过体育概论课程的学习，对体育有了基本的认识，大二的时候通过学校体育学课程的学习，对学校体育工作有了基本的认识。通过体育概论和学校体育学两门课程的学习，学生已具备基本的体育理论知识。这对体育和学校体育的认识将为学生学习体育教学论奠定非常重要的基础。体育教学论的学习将重点对体育教学的基本问题进行深入的理解和运用，与此同时，又加深对体育和学校体育的认识。在大一、大二两个学年里，学生已经在术科普修课程中学完田径、体操、篮球、排球、羽毛球、网球等十多门运动项目的术科课程，并通过一个学期的专项学习，深入学习了其中某一项运动项目。通过这种运动项目的学习建立起的感性认识对学生理解体育教学非常重要。

总体而言，通过前期两年半的学习，学生已具备一定的理论和实践认识基础，但还缺乏系统理论知识和实践。学生通过学习体育教学论，将术科学习及一定的体育教学实践相结合，初步具备基本的体育教学能力。

2. 学生学习动力强，但需要持久坚持兴趣

当意识到体育教学论与自身体育教学能力息息相关时，学生会对这门课程比较重视。但体育教育专业学生普遍喜欢术科实践课程，不喜欢理论课程，在课程学习过程中可能出现厌倦、不愿听课的情况。所以对分教学将结合问题解决、小组讨论，让学生在学习过程中通过获得成就感，提高学习自信心，保持学习体育教学论的持久兴趣和动力。

（三）体育教学论课程运用对分课堂教学模式的可行性

1. 易于形成讨论主题

该课程选用毛振明老师主编的《体育教学论》，毛振明老师是当前最接地气的学校体育研究学者之一，他的书籍讲解思路清晰，深入浅出，适合作为大学教材，而且该教材中有很多实践中经典的实例，让学生更加直观地理解理论。毛振明老师主编的《体育教学论》由体

育教学目标、体育教学主体、体育教学方法、体育教学内容、体育教学模式、体育教学评价等清晰的问题组成，能够针对问题形成讨论的主题。

2. 学生易于参与讨论

体育教学论的理论不是太深，学生从已学过的术科课程和体育概论、学校体育学课程已具备感性认识，而且从自身实践经验中可获得实例，也就是说，体育教学论课程对学生而言并没有太高深难以理解的理论知识，只是结合实践和理论学习，系统地深化对体育教学问题的认识。因此，包括讨论前的作业、讨论中的思考及讨论后的总结对学生来说一般都不会产生太大压力，容易形成讨论氛围。

（四）体育教学论课程运用对分课堂教学模式的目的

1. 提高学生学习兴趣，有利于学生主动、积极学习

学生虽然对体育教学论课程的重要性有所认识，但仍需要有持久的学习动力和兴趣，尤其是学习这种以理论课形式为主的课程学习，体育教育专业学生容易产生学习疲劳，甚至厌倦的情绪。因此，对分课堂教学模式，主要是调动学生学习的积极性，通过作业激励学生持续地开展学习，通过讨论激发学生表达、思考的兴趣，从而能够持久地保持学生的学习动力。

2. 以问题串为主线，通过有效的讨论，帮助学生更好地理解体育教学过程的问题和解决思路

体育教学论对分教学模式的实施，重点在于问题的设计，而且

问题与问题之间相互联系、相互影响，形成问题串。通过对这些问题串的思考，学生会逐渐深入地理解体育教学，并由此对体育教学有更全面的认识。

3. 重点以讨论为平台，促使学生提高学习能力、思考能力和团队合作能力

通过讨论和总结，促进学生学习中的合作，培养学生学习能力和合作能力，这也是对分教学模式能够带给学生最直接的影响。因为对分教学模式中的讨论是有准备的讨论，也是有目的的讨论，学生能够参与其中，并需要与其他成员的交流和合作，为了形成流畅的交流和合作，学生需要提前进行深入思考，因此也就必然提高学习能力，并因此学会倾听、学会理解、加强团队合作。

第三节　大学体育课堂运用对分课堂教学模式的依据

一、当前我国大学体育课程的现状和问题

（一）大学生身体素质逐年下降，高校体育课程改革迫在眉睫

《中共中央国务院关于加强青少年体育增强青少年体质的意见》（以下简称“中央7号文件”）中指出，“当前和今后一个时期，加强青少年体育工作的总体要求是：认真落实健康第一的指导思想，

把增强学生体质作为学校教育的基本目标之一”。自1985年以来，我国对各层次的学校进行了多次全国范围的体质健康调查。体质监测数据表明，学生体质最好的时期是中学阶段，尤其是初三和高一阶段的学生身体素质最好，高二之后的学生身体素质逐年下降，以致到大学阶段学生的身体素质下降得更厉害。每年的体检都有很多学生因为身体原因，连最基本的体育课都要免修，更不用说体育锻炼；同时，很多原来在中老年人身上才会出现的病症，如冠心病、高血压、关节疼痛等，也时常发生在他们身上。2012年下半年接连发生的多起学生中长跑猝死事件，致使湖北、陕西、深圳等地的多所学校取消了运动会的中长跑项目。2014年9月15日，位于宁波的浙江纺织服装学院里，一名男生在参加1000米跑步测试中发生意外，最终倒在跑道上再也没起来。2015年10月24日，南京大学一名大三男生在体育测试1000米时，跑到700米左右时，猝然倒地，昏迷不醒，经抢救无效不幸去世。2015年12月7日，武昌职业学院大一19岁的男生参加体能测试1000米跑，快到终点时突然倒地，抢救无效身亡，该男生曾是体育委员。提到跑步猝死，我们联想到的往往是类似马拉松这样对体能和耐力消耗极高的项目，可是以上的“死亡距离”仅有千米。这些都是非常沉痛的教训，学生身体健康问题再次引发了社会广泛关注。这一问题如不切实加以解决，将严重危害我国大学生的健康成长，进而影响国家和民族的繁荣富强。

大学生身体素质持续下降，与很多主、客观因素有关。

1）学校体育教育的缺位是造成这一现象的重要原因。长期以来，各级政府、教育部门和学校对体育教育经费的投入不足，造成运动场地和器材设施严重匮乏；过重的升学压力使中小学体育课程“空壳化”，而大学体育课程的管理又过于松散、没有把健康、科学的理念传递给学生。

2）社会的进步，科技的发展，使大学生在高科技中迷失了自我，电脑、手机的普及，尤其是智能手机的普及，让大学生沉迷在虚幻世界不能自拔，生活学习没有目标和动力。上课看手机，课下熬夜看手机，生活作息混乱，严重影响了身体健康。笔者对岭南师范学院大一、部分大二、大三的学生进行了睡觉时间的情况调查，结果如表 1-2 所示。

表 1-2　岭南师范学院部分学生睡觉时间调查表（n=500）

时间	0：00 以前	0：00～1：00	1：00～2：00	2：00～3：00	3：00 以后
数量/人	80	85	188	97	50
所占百分比/%	16	17	37.6	19.4	10

从表 1-2 中可以看出，晚上零点之后睡觉的学生占调查人数的 84%，早上基本上都有课，学生要起床洗漱、吃早餐，一般是 7 点钟起床。正常成人睡眠时间为 7～8 小时，但受外界环境、个体差异的影响，普遍认为，晚上 11 点到凌晨 3 点是最佳睡眠时间，是肝脏排毒的时间。学生长时间睡眠不足，错过了最佳睡眠时间是身体素质下降的一个原因。

3）大学生身体素质持续下降与学生对健康的认识不科学、饮食结构不合理、学业负担过重和生活方式变迁等因素也是分不开的。学生对于什么是真正的健康，什么是对自己好的，不甚明白。例如，上课时，笔者发现一学生脊柱侧弯得很厉害，这个学生不仅是高低肩还是长短腿，学生自己却一无所知，还以为自己不喜欢运动，身体不协调而已。于是笔者趁机对学生进行访谈，询问学生知不知道脊柱侧弯的成因、危害，知不知道什么是健康的体重、健康的体形，90%的学生摇头。由于没有意识到身体健康的重要性和科学锻炼的重要性，体育课、课外体育锻炼更是成为体育教师的一句“口号”。

体育的本质就是“人的自然化”，即身体强壮、心理健康，人终其一生都要进行体育锻炼。法国教育家保尔·朗格朗（Paul Lengrand）在《终身教育引论》中，对终身体育作出如下描述：“如果将学校体育的作用看成是无足轻重的，不加以重视，那么学生进入成年阶段后体育活动将不复存在；如果把体育只看成是学校这一段的事，那么体育在教育中就变成了插曲。”学校体育就是学生接受体育教育、养成良好的体育锻炼习惯的主要场所，体育要想不成为插曲，体育工作者应当主动承担起责任，引导学生积极参与体育活动，同时传授给学生运动技能和科学的锻炼方法。只有加强学校体育工作，形成体育锻炼的习惯，才能为学生以后的终身体育奠定基础，才能扭转大学生体质下降的趋势。

北京体育大学余岚博士的博士学位论文《大学生个性化体质健康促进研究——基于体育教学改革的视角》指出，各级学校的体育教学都存在一些难以解决的顽疾。以高校体育为例，有待解决的问题包括：体育经费投入不足，运动场地和器材极度缺乏；片面强调运动技能的学习，忽视终身体育意识的培养和科学运动知识的传授，学生选择课程的自由度过大，教学过程流于形式，教学效果亟待改善；课外体育锻炼缺乏合理规划、科学引导和有效激励，完全依赖于学生的自由选择，体育教学和课外运动处方的个性化程度较低；等等。此外，《国家学生体质健康标准》要求各级学校每年开展一次学生体质测试，但学校只是为了完成任务，数据准确性也难以把控，上报完测试数据之后就束之高阁，没能充分发挥这些数据对大学体育教学的指导作用。广大学生对自身的体质健康状况知之甚少，也就无法有针对性地选择适合自己的体育活动。要解决上述问题，学校体育必须转变体育教学观念，深化体育教学改革，充分考虑学生在体质健康水平、运动技能、兴趣爱好等方面的个体差异，制订个性化的学习目标、教学计划和评价标准，使每一位学生受到同等的尊重和关注、体会运动的乐趣，帮助学生提高运动技能，全面发展体质。体育教师应该是科学锻炼的传播者，在课堂引导学生重视健康的意识，帮助学生认识到体育锻炼是一项长期而又简单的生活方式，应循序渐进、保持中小运动强度，找到合适自己的运动处方并长期有规律地坚持着，锻炼的是意志，克服的是惰性，需要的是团结奋进的精神。

（二）普通高校公共体育课程目标过于笼统

长期以来我国高校体育教育受传统教育观念的束缚，体育课程目标不够明确。各高校课程目标是在素质教育、全面育人等指导思想下统一形成的，各学校没有根据自己学校的具体情况和学生的需求设定；同时，目标大多强调动作技能的形成，忽略了学生在体育运动中的心理感受和情感需要，忽略了体育运动与生活的关系，忽略了学校体育与终身体育的联系；也没有重点强调健康的身体对生活的影响及如何形成正确的体育生活方式。

（三）传统的体育教学模式和教学方法使学生缺少体育锻炼的热情

学生修完某一项体育运动后，应该对这项体育运动的基本知识、基本锻炼方法有一定的了解，对这项体育运动有一定的考量，并对此项运动充满激情。可现实是，有部分学生修完了这一项体育运动后，连体育教师的名字都不知道，更谈不上了解体育运动的锻炼方法及对体育项目的思考，这与整个体育教学过程缺乏激情有关。体育教学过程是教师采用各种教学策略与方法，教学生如何练习运动技能，在运动技能形成的过程中身体和心理大约会产生什么样的变化，如何在比赛中运用各种战术。可是传统的体育教学模式和教学方法只注重教师的“教”，忽略了学生的“学”。并且每节课不同的教学内容都用同样的教学方法进行，使得教学课堂上教学方法单一；课堂组织多年来一直严格按照讲解—示范—练习的模式进行体育教学，使得教学课堂显得机械、呆板，学生像“机器人”一样缺乏主动性，体育课像“生产流水线”一样缺乏生机。因此，学生很少积极、主动地用脑去思考体育运动，更谈不上对体育锻炼的热情。

（四）现有课程评价使学生对体育的理解有偏差

目前体育课程的考核存在一定的问题，主要在于：①评价的内容单一。体育课的考核标准仍未摆脱以竞技体育为主的单一的评价模式，局限于学生体能和运动技能的评定，忽视了对学生的学习态度、学习的积极性、学习的进步性等多方面的评定，这实际上是很不公平的，也使作为评价主体的学生消极被动。②评价方法存在偏差性。教师评价、期终一次性评价是传统的评价方法。教师评价有其弊端性，忽视了最能了解自身学习情况的学生本人和处在相同处境下的其他学生。期终一次性评价在整个评价体系中仍然占有很大的比例，缺乏对整个学习过程的评估。好的评价方法对学生评价的重点不是放在学生技术的评价上，而是关注学生对体育的态度、参与体育锻炼的积极性、体育知识与技能的应用及社会适应的能力上。③评价的标准缺少多样性，目前体育课堂课程评价采用的是统一的标准衡量所有的学生，体育考核以分数进行评价，只是单纯从生物学理论角度认识体育，用生理指标对学生进行考评、等级划分，忽视了学生的个体差异，忽视了教学过程中学生所表现出来的自身提高幅度和努力的程度，没有起到促进教学、激发学生的作用。而平时成绩在对分课堂的评价方式中占很大一部分，学生的平时表现和努力都可以很好地得以体现。

（五）普通高校公共体育课程改革具有局限性

多数体育工作者为提高教学质量和学生身体素质，作了很多的改革与尝试。在课程设置上，我国大部分高校公共体育都已经作出了改革。大致来说，体育课程的设置比以前丰富了很多，每个高校公共体育课程都开设有球类、艺术类、传统保健养生类等20多种；体育课的具体内容可分为实践课和理论课；教学方法也种类繁多，每个教师各尽其能采用适合自己项目、自己学生的教法。所有这些体育教学改革都取得了一定的进展，可是从总体上看，这些改革还是具有一定的局部性。各高校之间的差距较大，一些院校在一年级、二年级都设有选项体育课；一些院校则是一年级设基本课、二年级和三年级设选项课；还有一些院校实行四年均可选修体育课。可是所有这些都仍然受传统体育教学目标的影响，并没有从根本上打破原有的格局。以既让学生掌握运动技术技能、增强体质，又培养学生终生体育意识为目标的课程体系尚未真正形成。目前国内高等学校公共体育课程实施较好的模式为“俱乐部教学模式”，即北京大学于2001年开始实施的“完全开放式”体育教学模式，又叫“三自主分层教学”。也就是给学生创造开放的环境，让学生拥有更大的自由空间，充分发挥学生的自主权和自觉性，让学生完全可以根据设置内容、专业特点、个人爱好、个人需求来选择学习内容，选择体育教师、选择适合自己的上课时间，最后考核结果实行“合格—不合格”办法，以此来淡化体育考核的评价功能，注重引导和激励功能。可是受到场地、人数、专业课等影响，学生不可能选到完全适合自己的项目，并且由于不需要考试，学生学习的主动性、积极性都有极大的下降，对体育教师体育素养的要求也有了很大的变化，从而“俱乐部教学模式”存在一定的局限性。

（六）高校体育教师职业倦怠严重

职业倦怠（burnout），其含义一般是指“失败、精疲力竭或因过度消耗精力、资源而变得枯竭”，它与压力、紧张有着密不可分的联系。目前我国高校随着“岗位聘任制”的推行，科研层面比教学层面更容易显量，由于职业安全感存在危机，不少教师不得不事事不松懈，时时争第一，把大部分时间投入科研里，教学自然就放在第二位。王福德的硕士学位论文《上海高校体育教师职业倦怠现状调查与影响因素分析》指出，上海高校体育教师存在着不同程度的倦怠，主要表现在情感耗竭和低成就感两个维度上，去人格化程度不严重。不同的背景因子，例如，不同的性别、年龄、教龄、职称、工作量、收入、学历主要在高校体育教师职业倦怠在情感耗竭和低成就感两个维度上存在差异显著。影响高校体育教师产生职业倦怠的因素主要有社会支持因素、组织因素、工作期望因素。个人看到的现象是大学体育教师每周课程工作量大，广东省多数高校体育教师平均至少每周 18 课时，有的学校甚至最高达到 28 学时，而且一周重复一个内容，想想按照传统教学模式能不产生职业倦怠吗？有人曾说，体育教师多好呀，拿着工资锻炼着自己的身体，试问职业倦怠重复式的教学和自我兴趣锻炼效果能等同吗？

上海复旦大学心理学系张学新教授提出对分课堂模式，笔者运用两个学期后，受益匪浅，针对以上出现的问题都起到了事半功倍的效果，而且这种模式越运用越顺手，越来越能充分调动起学生学习的自主性和积极性，表现在：在分组讨论和课后自主消化吸收阶段就能从学生思想根源上解决问题，帮助学生了解到自己想学的知识点；一周消化后再上下一次课时，理论和实践就有机结合起来，学生能感到体育真正地对自己产生作用，且收效明显，就积极、主动地参与进来；课外自觉跑步人数明显增加，并用手机下载跑步软件，科学监控，积极锻炼，从中体会锻炼的乐趣，最终形成良性循环，从而达到教学的目的。

采用对分教学模式以来，笔者刚开始也不顺手，也出现过困惑，但每次要求学生课后思考，教师也应思考问题症结。现在觉得工作压力减小了好多，对分模式实施起来越来越轻松了，看着学生期盼的眼神，专注的表情，一丝不苟的作业，轻松愉快地讨论学习，笔者越来越有成就感，越来越喜欢上课的感觉。

如果想要改变当前的体育课堂中的困惑，想对体育教学进行改革，就有必要转变传统的教学观念，其中就可以尝试采用对分课堂模式。

二、大学体育健美操课堂运用对分课堂教学模式的可行性

当您拿起这本书，想必您也听说过“对分课堂”，并对“对分课堂”略知一二，在跟同行交流过程中听到不少体育工作者说：“对分不就一半时间讨论，一半时间授课，对理论类课程可能有用，对实践操作性的、技能学习类课程那都是瞎扯。”您是否也在怀疑体育是靠练出来的，不是讨论出来的？作为体育教师一开始这种疑惑和担忧肯定会有，但聆听了“对分课堂”创始人上海复旦大学心理学系张学新教授多次讲座，并得到张学新教授多次悉心指导，梳理思路，打消疑惑，在层层实践过程中答疑解惑，从 2015 年 9 月对大学体育——健美操课程采用“对分课堂”收获颇丰，也得到督导和学生的好评。

随着教学改革的深入、教学过程中学生主体地位的确立，充分发挥学生在学习活动中的主体作用和学生课堂学习的集体性优势，教师应根据教学内容和学生的实际情况，组织学生在课堂学习过程中进行讨论。传统的“教师为中心”的师生关系中，教师与学生是“我—他”的驯化关系。对分模式教学中，分为讲授、内化吸收和讨论，讲授还保留传统教学优点；内化吸收能促使学生创

造性思维和批判性思维的发展，还能培养学生严谨的科学态度，促使学生成为了具有独立意义的人，主体意识觉醒，自己读书，自己感知，自己思考，自己体验；讨论在在师生之间则是“我—你”关系，是一种“商谈”模式，在共同探讨未知的新领域中，师生是平等、民主、充满爱心的双向交流的关系，让学生交流自己独特的感悟，进行合作学习，使学生对学科学习持更加积极的态度，具有更加浓厚的兴趣。

首先，要强调 “对分课堂”其实就是一种理念，它通过调整教学流程，挖掘传统课堂的精髓，充分调动和发挥师生各自的自主性，加强师生、生生之间互动，同时开阔师生视野，让教与学变得越来越有趣。其次，“对分课堂”不是很深奥的理论，其操作灵活多变，教师可根据教学内容，时间不一定对分，可以三七分或者四六分等，由教师根据教学内容控制时间，简单易行，边实践边发现问题边解决问题，笔者经过一学期教学实践经验的积累，教学效果就慢慢体现出来，而且感觉越来越好，这学期学生完全理解了对分理念，讨论越来越精彩也越来越有实效。一开始教师也许操作不当，经验不足遇到瓶颈，要及时和专家沟通，只要肯做，想做好，就一定能找出解决办法。再次，“对分课堂”要求教师要有进取精神，教师的职业操守和道德责任心高，把教学放在第一位，洞察和观察能力强，可以发挥网络时代的前瞻性和生命力，可与在线课程交融共生，拓宽学生视野。最后，学生在课后自主学习能力加强，课堂上的讨论过程是一种相互学习，学生的团队协作意识明显提升。

把对分理念引入体育课堂，从目前学生体育课堂中欠缺什么、想学到什么，引导学生自己提出问题、发现问题，以与他们共同解决问题为基本点，最终找出最有效的解决方法。首先，让学生从思想上认识到健康的重要性，学会健康的生活方式，并针对学生自身合理地进行体育锻炼和调整饮食结构。先告诉学生书上没有一款适合自己的运动处方，只有你最了解自己，但要学会认知自己的运动水平，才能找到合适自己的运动处方！通过每年的大学生体育测试成绩、每次课外运动体验后自我分析和讨论，要求学生必须实践了才能在课堂中讨论，跟同学们分享，所以学生有了想法就会付诸行动，有了亲身体验后再讨论提升。其实讨论越多，问题显现也就越多，所以体育教师人可不必担心没有问颢可讨论、没有书面作业可布置，只有在实践过程中发现问题、提出问题，才能进一步解决问题。这样学生就会带着问题有计划地参与体育锻炼，并知道自己需要什么，科学、合理地进行有针对性的体育锻炼，不管体质差的还是身体素质好的，哪个层次的学生自己都做到有的放矢，这样教师还用担心教学质量、教学效果吗？自从采用对分教学模式，笔者再也不用点名，出勤率几乎满勤，有事请假没来上课的学生自己也会找其他时间补上，学生学习的主动性、针对性和目的性明显得到了提升。

说到这里，肯定还有人会担心，“你们的学生都是大学生，生源可能好，学生主动性强，我们学校校情不同，有些学生天生不好动，不喜欢体育锻炼，不爱学习”等。其实这些问题都存在，笔者认为对这类学生要用心、用情去感化，只要学生认可教师是真心从他的角度出发，为他好，他是会进步的，但记住一定要用小事、小情节去关注他，哪怕给他本子写一句贴心、暖心的话语，记住他的名字，课堂上多关注并及时鼓励。实在还是感化不了，世界之大，允许其存在，也许他走错路了，你也不必追求个人完美情结，千万不要给自己制造压力，你就尊重他吧，也许他的方向不在你这里。笔者认为教学不仅注重学生能力的培养，更注重学生情感、态度和价值观的提升。在学习组织上，不仅注重学习者的个性化展示，更注重学习群体之间的多向交流与整合。在这个临时而有限的群体中，学生都是问题的解决者，那些所谓相对后进的学生都是独立存在的个体。教师要充分尊重每个学生，每个学生其实都是“差生”，给他们平等展示自身价值的机会。为体现价值，每个学生都变得自信起来，都跃跃欲试，想展示自己的才能。这样就充分调动了学生的主观能动性，最大限度地引发了学生的参与意识。但目前笔者还没有遇到这类的学生，当发现某学生有弃学厌学的前兆，会在课堂中给予关注，提问并让他主动上讲台带领大家一起复习，积极鼓励，多给学生一点人文关怀，让学生觉得你是在用心对待每一节课程，真正是爱护他们的。“我从不批评学生，每次上课都是面带微笑，有一次学生说她郁闷时就会想到我的笑脸，我一直把学生当成自己的朋友，学生是我学习、交流的一个角色，所以学生经常在健美操课程结束后与我分享他们的难言之隐等，同时我也收获很多，而且很感动学生完全信任我。”

在没有运用“对分课堂”之前，有众多顾虑和忐忑非常正常，但是真正运用这个理念在体育课堂后，笔者觉得这样才能真正越来越了解学生，学生之间沟通能力也在不断加强，学习氛围也越来越浓。一学期对分模式尝试后，笔者发现学生真的对体育基本常识了解少之又少，并没有系统的科学理论的支撑。同时，学生也渴望学到真正有用的体育知识，也很迷茫、困惑。自从对分课堂引导后，很多学生从对大学体育课程、运动处方、运动预防等一无所知，到课后自己找资料、主动吸收的过程中无形培养了学生自主学习的能力，也能找到自己体育理论的薄弱环节，也能针对自身情况进行科学、有效的体育锻炼。对待课堂问题，学生往往边学习边提问，教师归纳总结，每节课针对一个问题进行探讨，并通过“精、专、练”的要求逐渐达到深入和专业的程度，同时还进行系统体育理论知识的普及，每次课都是一种进步。这里笔者认为体育理论知识不在于泛、多、杂，而在于精、少、透！所以如果你对对分理念感兴趣，不妨先实践，遇到问题再解决，因为操作非常简单、灵活，先实践再提升！“对分课堂”理念是鼓励学生平时学习，把有效学习应该付出的努力分散到整个学期，每一周学生在教师讲授后都需要完成内化吸收，并以作业形式体现自己的学习成果，整个学期学生的深层学习、理解性学习一直在进行。作业的目的是督促学生复习；整个讲授过程中保证学生理解基本内容，能够进行深入、有意义的交流与讨论；希望学生把读书笔记看成在学习、理解章节内容过程中的有力手段，鼓励学生在理解的基础上进一步写出独特的分析、思考和体会，同时，读书笔记的形式可以多样化，比如把其作为未来体育锻炼的一个参考依据等，这样课堂中考试后学过的知识可以随时找出来。

在体育课堂采用“三七对分”模式实践初期，教师和学生都有一个适应的过程，坚持但不必讲究完美，慢慢效果就会自然出现，也会越来越好！“三七对分”模式采用后笔者深有感触，课程越来越被学生喜爱，学生讨论越来越精彩。但是由于岭南师范学院开设公共体育课的二年级学生一学期选一个项目，刚接触“三七对分”

模式时进不了状态，30%的学生课后没有作业，更谈不上思考，不主动复习所学内容，这时候千万不要恼怒，要有信心，应该把其他班作业分发给学生观看，再循循诱导，并鼓励学生，相信他们下次会做得更好，结果第三次课程收到了意想不到的效果，学生讨论的思路开阔，积极性更高。当然每次讨论完，教师应总结学生讨论的优、缺点，以便下次改进。在问题的讨论过程中，会出现少数学生积极发言，多数学生仅仅是倾听，只起到陪衬的作用。导致这种局面的原因主要有：①部分学生没有作好充分准备，对所学知识掌握得不好，因此难以参与其中。②有些学生缺乏自信，自卑感强，带有心理压力，不敢参与讨论。作为教师，在严格要求学生牢固掌握基础知识的基础上，还应该注意营造民主、平等的课堂氛围，鼓励全体学生大胆、积极参与。多鼓励被动的成员发言，特别是那些平时寡言的学生，可以指名邀请他们发表看法，或向他们提出一些较易回答的问题，以增强他们的自信，只要学生经常受到鼓励和信任，便会形成安全的心理，自信地参与讨论。体育课堂采用“三七对分”模式实践中期会出现学生课后作业有些雷同的现象，有的网上抄写一下应付，问题思考不深入。解决办法是教师利用学生讨论时间，到小组批改作业，就能发现具体哪个学生作业有抄袭现象，在分享回答问题环节点名让其脱稿回答，并加以正确引导作业的目的是培养学生课后单独思考的能力，提升学生的思维逻辑能力，长期坚持会对学生发现问题、分析问题、解决问题的能力有很大帮助。到体育课堂采用“三七对分”模式实践后期，学生思考问题就会出现思维模式定格、讨论生活小常识、睡眠不佳、上课犯困等问题，并且有些问题偏于肤浅，不够深入。每节课讨论教师要发现问题并及时纠正，防止下节课出现同样情况，如果下节课出现这些问题，则停止“三七对分”模式，运用传统教学模式教学即可，也就是课堂最后可以不采用“三七对分”模式，因为教学任务进入复习考试前阶段了，所以需要根据各班情况进行适当调整。学期末学生总结，健美操课程一开始采用对分模式，转换传统教学模式刚开始觉得很好，随着多节课后学生就觉得运动量很大，课堂收获技能多，但思想沟通不多，课后也不主动学习和思考了。对分模式就是教学理念，在课堂上可以随时调整，课堂宗旨是为学生指引学习方向、学习方法，培养学生课后主动自我学习的能力。作为教师要引导学生课后多思考和多实践，并引导学生将作业以“亮闪闪”“考考你”“帮帮我”“个人体会”的形式写出来，便于学生下节课交流与讨论；同时还要经常诱导学生在课堂中培养自己的情商。情商对于现代大学生来说非常重要，情商主要包括几个方面的内容：①认识自身的情绪。因为一个人只有认识自己，才能成为自己生活的主宰。②能妥善管理自己的情绪，即能调控自己。③自我激励，自我激励能够使人走出生命中的低潮，重新出发。④认知他人的情绪。这是与他人正常交往、实现顺利沟通的基础。⑤人际关系的管理，即领导和管理能力。情商的水平不像智力水平那样可用测验分数较准确地表示出来，它只能根据个人的综合表现进行判断。心理学家还认为，情商水平高的人具有如下的特点：社交能力强，外向而愉快，不易陷入恐惧或伤感，对事业较投入，为人正直，富于同情心，情感生活较丰富但不逾矩，无论是独处还是与许多人在一起时都能怡然自得。专家还认为，一个人是否具有较高的情商，与童年时期的教育培养有着密切的关系。因此，培养情商应从小开始。情商往往是决定命运的。

情商是一种能力，情商是一种创造，情商又是一种技巧。既然是技巧就有规律可循，就能掌握，就能熟能生巧。只要教师多点勇气，多点机智，多点历练，多点感情投资，就会像“情商高手”一样，营造一个有利于自己生存的宽松环境，建立一个属于自己的交际圈，创造一个更好发挥自己才能的空间。智商与情商不同智商（intelligence quotient，IQ）可以用以表示智力水平，也可以测量智力水平，智商的高低反映着智力水平的高低。情商（emotional quotient，EQ）表示认识、控制和调节自身情感的能力。情商反映着情感品质的差异。情商对于人的成功起着比智商更加重要的作用。智商和情商，都是人的重要的心理品质，都是人事业成功的重要基础。最后总结出，情商高、智商高的是上等人，春风得意；其次是情商高、智商低的人，贵人相助；再次是情商、智商都低的，好人一生平安；最差的就是智商高、情商低的，怀才不遇。之后，学生仿佛一下子发生了变化，上课发言积极、主动了。

大家都知道运动技能是需要重复、多练的，你是否还在担心讨论占用课堂时间，学生练习时间势必会减少？是不是学生技能水平就会比传统课堂下降？传统课堂依靠教师带动练习，短期效果明显，但体育教师工作量繁重，传统课堂往往会把教师累个半死，但体育教师不是纯粹的体力劳动者，授人以鱼不如授人以渔，应该让学生自己找到自主学习的方法。笔者使用对分课堂前的课堂中就出现过这样的情况，学生运动技能提高得不如传统课堂明显，问题出现在一部分同学课后不自主学习，也不主动与老师沟通，没有找到自己的正确方法，经过几节课的调整，这部分学生适应了新的教学模式，后面就慢慢跟上了，有一次课后一个非常文静（也可以看出平时不好动）的学生对笔者说，“老师我好喜欢看您的笑容，当我不开心想起您的笑脸时郁闷也就烟消云散了”，最后来一句：“我看您上课好享受！”

把“对分课堂”引入大学体育教学实践中，让学生在情感、思维、动作技能等方面自主参与教学活动，充分体现学生的学习主体性，给学生学习体育理论知识指引了明确方向，学生知道自己欠缺哪些体育理论就会主动找资料、有目地学习，只有学生把体育锻炼理论知识和运动实践相结合，才能真正达到健身的效果，从而减缓学生学习的心理压力和精神压抑，解放学生学习的自主权和自由度，使学生成为学习的真正主人。此外通过教师和学生、学生和学生之间评价反馈互动、答疑互动、作业互动等来促进各方之间的对话和交流，化解彼此对立的困境，充分发掘体育教育功能，有助于提升大学生的社会适应能力和人文素养教育。但是，这种模式的运用和实践有个过程，可能会出现瓶颈，应及时与专家、同行沟通、交流，一般 4～5 次课后，教师负担会明显减轻，学生自主掌握学习方法后，学习效果明显提升。

健美操项目在大学体育课程里属于相对较大运动强度之一，每次传统课堂后学生觉得很累、很辛苦，教师一直被学生喊着“痛并快乐着”的口号而高兴，甚至沾沾自喜。学生平时没有养成锻炼的习惯，课堂上连续运动超过 1 个小时，这是不是一种摧残呢？每次运动持续的时间与强度有关，并且两者之间成反比。锻炼心理学中的锻炼持续时间指每次锻炼的时间长短和锻炼方案的时间长短。锻炼的持续时间影响着锻炼的心理效益。在某一强度下如果活动时间过长，就有可能造成疲劳、厌倦，不但不利于形成良好情绪，而且可能对情绪造成损害。摩根等在一项长期性锻炼的研究中间接地证明了这一点。看来，锻炼持续的时间如果超过了限度，就会产生消极的心境状态。赵纲的硕士学位论文《不同时间中小运动强度健美操锻炼对女大学生身体自尊和体质的影响》表明，健美操中等强度组、小强度60分钟组被试者锻炼前后体质状况变化达到非常显著水平，中等强度健美操锻炼有利于促进女大学生的身心健康。自从采用了对分课堂的三七模式，学生和教师上课都激情饱满，课堂欢乐氛围浓厚，学生每次课后都觉得浑身舒畅，并期待着下次上课，后面的课堂里都不用点名了，偶尔有事假的同学也很少了，课堂出勤率非常高，来例假的女生再也不请假了。二年级俱乐部模式不用考试，学生出勤率也明显提高，2014级吴昊天学生就在讨论环节分享，说他基础公共课唯一没有逃过健美操课，一是觉得课堂可以通过讨论获取很多课外知识，并且运动锻炼结束后浑身舒畅；二是每节课程都能带来新鲜感，每次课后都有新的感受，并且教学难度呈递进式，少一节课就跟不上进度了。

课堂讨论过程能树立学生正确的健康观，解决学生运动中的迷惑，讨论出适合自己的运动方式，课后学生把理论进行实践，下次课再讨论运动心得和误区，慢慢形成科学的锻炼方法，锻炼有了明显成效，学生参与体育锻炼越来越主动、积极，分享一周运动成就，各种健康小知识，无疑能够相互促进，为后面课程起到铺垫作用，后面技能学习时学生特别认真。学生讨论的同时，教师分小组批改作业，从学生作业批改过程中了解学生思想动态并监控学生课外活动情况。在学生分享阶段，教师也能从学生身上学到很多知识，相互受益，解答问题过程也能促进教师不断学习新知识，教师个人专业能力不断拓展和提升。此外，讨论用去半个小时，学生和教师都再也不用担心刚吃完早餐就直接体育运动产生的不适了，午睡起来直接上课的困乏感也不见了。课后一周自主消化吸收和课上讨论过程中学生思考、表达、解决问题的能力明显提升。每次分组成员不同，四节课后学生相互认识了，相互交流能力提升，作业记录每次课后思考、课堂笔记和感受，养成课后思考和记录的习惯，学生再也不用担心知识遗忘，从而形成良性循环；教师会越来越轻松，上课 1 小时非常享受，教学的同时又能锻炼自己的身体，再也没有累的感觉，每次上课非常愉悦。

目前在各大高校扩招的前提下，学校体育场地明显不足，室内场地更是供应不足。在北方遇到刮风、下雪、雾霾，在南方遇到三月阴雨连绵等季节，这些不是人为能控制的因素，对体育课造成很大影响，在室外上课的体育教师也无能为力。每个室外上课的教师都遇到过这类现象，教学任务和计划都没有办法按时完成，感觉无力回天。笔者就有一设想，在网络发达的今天，我们可以采用混合式对分课堂模式，如线上教学讨论技术、战术，分析视频等模式。混合式对分课堂模式结合线下的对分课堂教学模式（www.duifen.org）与易班学院的线上学习平台，通过定制的软硬件系统，构建保留传统教学精华而又吸纳网络时代进展的一种原创性的新教学模式。教师课堂讲授章节重点内容，学生课后独立学习，观看视频、阅读指定材料，完成作业，即写出读书笔记，展示精彩片段（“亮闪闪”），并准备问题（3 个“帮帮我”，3 个“考考你”）。学生上交个人作业后，利用微信或 QQ 平台进行小组讨论，挑选精彩片段，凝练问题，形成小组作业上交。2 周后回到课堂，小组间进行交流，对学习内容进行表达与质询，最后教师答疑、总结。总之，对分教学模式灵活简便，操作性强，针对目前体育教学现状是非常可行的。

三、大学瑜伽课堂运用对分课堂教学模式的可行性

随着各大高校的扩招，大学生的素质逐年下降，各层次教育工作者都在对教学内容、教学方法、教学模式等进行改革来提高教学质量，提升大学生素质。目前张学新教授提出的对分课堂教学模式在一些高校的很多课程中迅速实行起来。原因一是各校教师为提高课堂教学效果，一直致力于寻求适合自己的教学模式；二是各校教师经过多年的尝试，对分课堂模式已经存在于教师的“潜意识”中，张学新教授一提出，教师们因此找到了理论依据，并立刻实施和传播开来。那么，大学体育课堂究竟是不是也适合使用对分课堂呢？为此笔者对大学一年级、二年级瑜伽课堂进行对分课堂的尝试，结果发现对分课堂是适合瑜伽课堂的教学模式。现在笔者把用对分课堂讲授瑜伽课程的点滴经验分享给大家，希望对大家的教学有一定的帮助。

（一）瑜伽课程介绍

1. 瑜伽的渊源

瑜伽起源于印度，风靡于世界，很多的名人、明星纷纷练习瑜伽，用瑜伽来保持身材、增强体质、治疗伤痛等。其实，瑜伽不仅是“高、大、上”的健身运动这么简单，还是一个通过提升意念、帮助人们充分发挥潜能的哲学体系及在该哲学体系指导下的运动体

系。瑜伽姿势是一种运用古老而易于掌握的方法，提高人们生理、心理、情感和精神方面的能力，以达到身体、心灵与精神和谐统一的运动形式。瑜伽信徒发展了瑜伽体系，因为他们深信通过运动身体和调控呼吸，可以控制心智和情感，以及保持永远健康的身体。瑜伽在印度已经流传数千年，是印度人悠久智慧的结晶。数千年来，瑜伽一直是体现印度文化的一个重要组成部分，历经时代多次变迁，瑜伽一直充满着活力。

2. 瑜伽流派

历经几千年瑜伽已经衍生出很多派别，正统的印度“古典瑜伽”包括智瑜伽、业瑜伽、哈他瑜伽、王瑜伽、昆达里尼瑜伽五大体系。不同的瑜伽派别理论有很大差别。智瑜伽提倡培养知识理念；业瑜伽倡导内心修行，引导更加完善的行为；哈他瑜伽包括精神体系和肌体体系；王瑜伽功偏重于意念和调息；昆达里尼瑜伽着重能量的唤醒与提升。这些不同体系理论的瑜伽，对于修习者来说都是通往精神世界的工具。另外，经过现代人的演变还有其他流派如密宗瑜伽、阿斯汤伽瑜伽、艾扬格瑜伽、流瑜伽、热瑜伽等。而高校教学大都采用哈他瑜伽，现代的哈他瑜伽包括体位法和呼吸法，是追求身心健康的科学瑜伽，也是世界上最普及的健康美容法。与以往不同的是，今天的瑜伽不再局限于苦行，而是使自己更好地适应现代城市生活。瑜伽科学及其技术已经将其方位调整为适应现代生活方式及社会逻辑的需要，包括现代医学在内的各科医学专家正在意识到这些技术在预防疾病和促进健康方面的作用。

3. 瑜伽含义

瑜伽（Yoga）从印度梵语“yug”或“yuj”而来，意思是自我（atma）和原始动因（the original cause）的结合（the union）或一致（oneness）。瑜伽的含义是心灵、肉体和精神结合到最和谐的状态，即身心处于相对稳定、平衡的状态，类似于我国气功中所称的“天人合一”。瑜伽能实现自我与内心、机体与精神的完美统一；瑜伽的最终目的是让人产生幸福、舒畅的感觉，很好地维持身心的健康和平衡的状态。

（二）瑜伽课堂学情分析

普通高校的大学生大都没有任何运动基础，对瑜伽的了解也是知之甚少。要想在一个学期内学好瑜伽还是有一定难度的。

1. 充满激情、活泼好动是大学生的年龄特点

虽然学生对瑜伽这个项目充满了好奇，可是大学一年级、二年级学生的年龄在19～22岁，从中医上讲这个年龄阶段正处在青春发育期，是女性成熟的年龄，是身体的黄金期。这个年龄阶段的人充满了激情和活力，喜欢动，喜欢冒险，对于瑜伽这个需要安静的项目还是有点不习惯，入门相对较难。开始学习的时候让学生闭着眼睛呼吸、冥想，80%的同学感觉不自然，会睁开眼睛偷偷看，或者不停地把腿换来换去。

2. 传统的体育课理念让大学生觉得体育课可有可无

有些学生从小学到高中体育课都是在“放羊”中度过，从来没有系统、正规地学习过体育运动，更不用说协调性、灵敏性、柔

韧性等。同时，这也在学生的心中留下了这样的印象，体育就是玩，玩就是体育，可有可无。这就造成了大学体育课堂上，学生依然难以改变这种意识，总有个别学生找借口见习，课上总有学生想办法休息、玩手机。

3. 有些学生选瑜伽课程但对瑜伽不了解甚至不感兴趣

瑜伽虽好，但不是人人都适合瑜伽，每个学期的瑜伽课都异常火爆，选课系统一开，很快就满了。可是在对学生的调查、了解中发现，60%的学生报选瑜伽的原因是瑜伽在她们眼中很时尚，能够减肥、美容、塑造形体等；20%的学生选瑜伽是因为瑜伽是室内项目，不用挨晒；还有 20%的学生是因为听说瑜伽挺好，或别人帮选的等原因，那么上课的时候有的学生就是“身在曹营心在汉”。

4. 大学生学习瑜伽的益处

从高中到大学，无论是生活环境、学习环境还是管理制度都发生了很大的变化，很多学生不适应大学生活。尤其在学习上，忽然没有了教师和家长的监督，学生不知道该干什么，想学习又不知道学什么，不学习总觉很忐忑，对于大学生应该做什么，能做什么，没有自我目标。于是好多大一的新生慢慢变成“吃饭、睡觉、上课、上网”没有自我意识的“木偶”。并且大学需要修的课程繁多，高中的课程是为了高考而设置的，大学的课程则是发展学生的专业技能，顺应社会的发展需要所设置的，课程无论是深度还是广度对学生来说都一个新的挑战。没有家长和班主任的督促、指导，要学好这么多的课程，大学生的自信显然不足。瑜伽在当今社会中非常流行，它可以提高人的专注力，培养人顽强的意志，渲染和彰显情操，增强人的自信心。同时，瑜伽在大学生的眼中就是“高、大、上”的项目，很多学生对瑜伽十分向往，对瑜伽的学习有着浓厚的兴趣。利用学生对瑜伽兴趣，培养学生良好的瑜伽生活方式，不论对学生的身体健康还是对学生的学习都有很大的益处。其实大学生处在接受教育、完善自我和完成个体社会化的最佳阶段，让大学生在练习瑜伽的过程中，认清自己在大学四年的方向，知道自己要做什么，能做什么，该做什么，树立正确的人生观、价值观和健康观，培养大学生以后的锻炼习惯，实现“每天锻炼1小时，健康工作50年，幸福生活一辈子”的目标。

（三）教材分析

目前我国瑜伽市场比较混乱，没有统一的规则，各个流派各自为政，各个学校所用瑜伽教材也是种类繁多，理念各异，几乎没有一个较为统一的认识，甚至有些是相互矛盾的。一般情况下，教师都是以哈他瑜伽为基础，根据自身练习的心得体会和各自学校学生的特点、需求而自行选择教材或自己编写教材。目前为止笔者所在学校所用瑜伽教材主要是由章晓霜主编的《新编大学体育与健康教程》。

（四）教学方法和教学评价

根据田麦久教授的项群理论，瑜伽和健美操、艺术体操同属于技能主导类表现难美性项群。而高校中大部分瑜伽教师都是从其他表现难美性项目转过来的，那么教学方法和教学模式和其他表现难美性项目是类似的。教师多采用“示范—讲解—示范—练习—纠错”的教学方法，主要以教师的教为主。教学评价以期末技术评价为主。产生的结果是瑜伽体式练习运动与垫上操、广播操一样，整齐一致没有感觉。

（五）瑜伽和其他表现难美性项目的异同

1. 相同点

瑜伽和其他表现难美性项目一样，都是人类自我身心的锻炼方法，都具有塑造形体、提升气质、增强体质的作用。瑜伽，尤其是体式练习运动，是一种特殊的身体锻炼。如果去掉对意念转动、身体知觉、呼吸与冥想心灵的特殊要求，则与其他表现难美性项目一样，只是表面上看起来动作更缓慢、自然、随和而已。

2. 不同点

（1）表现行为不同

瑜伽运动摒弃竞争的意识，需要人们心平气和，全面增加机体耐受力与控制力，安然当下，关注自身的身心修炼。而其他难美性项目则需要人们具备很强的竞争意识，像奥林匹克运动会所宣扬的精神“更快、更高、更强”，培养人的拼搏、努力及团队的默契合作精神。

（2）练习目的不同

练习瑜伽一段时间后可以使人沉着内敛、健康优雅、体形柔软秀美，具有亲和力，瑜伽练习者关注内心和谐、知足常乐。其他项目使人青春阳光、充满活力，练习者关注输赢得失、积极上进。

（3）使用技术不同

瑜伽讲究关注自我，从关注呼吸开始，注重小肌肉和不常用肌肉的伸展与放松，使身体处于静力拉伸状态。其他项目关注动作技能使主要肌肉的伸长或收缩，使身体处于动力状态。

（4）产生的生理变化不同

瑜伽练习可以改善肌肉、骨骼的强度与韧带肌腱的韧度，增强身体的耐受力与控制感，强化身体内脏、腺体、神经系统，主要是耐力为主的慢性肌群起作用，可以平衡能量，是一个调整性过程，使身心充满活力，精力充沛，解除身心疲劳，启发机体自身免疫力。其他项目可以增强肌肉力量与速度、强化心血管系统，主要是以爆发力为主的快性肌群起作用，是一个消耗、恢复、增长的过程，运动后会感到疲劳需要休息。

（5）瑜伽更容易形成生活方式

瑜伽的练习不受时间、场地、人数的限制，可以自主选择练习的时机，更容易形成生活方式。其实，学生十分清楚运动锻炼对身体的影响，只是其他的运动项目受到时间、场地、人数等的限制，很难在繁重的课业中抽出时间、找到合适的人、合适的场地等去锻炼。而瑜伽运动很容易融于生活，起床前 10 分钟的起床功，既可以让学生一起床就精神抖擞，改掉睡懒觉的习惯，又可以让学生慢慢地提高身体健康状况。课间的时候练习眼睛保健功、手指保健功（对鼠标手、手机手起到很好的缓解功效）、肩颈四式等，可以让学生的身体得到充分的休息，更好地体现课间休息的价值。睡觉前进行瑜伽体式练习或呼吸练习都可以提高睡眠质量。平时的排队等候或其他间歇都可以练习瑜伽呼吸、手指保健、脚趾功等，可以起到很好的保健身体的功效，同时又可以让学习变得更有效率。

（6）方式的评价不同

瑜伽练习的好坏以对人体有无用处，能否调理身体为评价标准。身体有了改善，那么瑜伽练习得就很好；身体出现了损伤，那么瑜伽练习得就不好或不正确。其他项目评价的标准是统一规定的，哪一个动作达到什么位置是好，达到什么位置是差，这些是提前定好的。

（六）瑜伽课堂开展体育教学模式改革的尝试

体育教学模式是在某种体育教学思想和理论指导下建立起来的体育教学程序，它包括相对稳定的教学过程结构和相应的教学方法体系，主要体现在体育教学单元和教学课的设计和实施上。

1. 传统教学模式

传统教学模式即技能掌握式的教学模式，主要是依据运动技能的形成规律而设计的，主张精讲多练，注重对运动技能掌握效果的评价。传统教学模式的瑜伽课堂在教学操作程序上，主要是遵循学生认识事物规律和形成规律进行的，在教学中以教师为中心。学生在明确教师提出的教学内容、目的和任务后，教师通过一些直观教学手段使学生对所学内容产生感性认识，形成视觉表象，学生经过模仿练习和表象练习，再经过实际练习和教师指导，建立动作的动觉表象和正确的肌肉感觉，形成动作体式。之后，教师对所学内容进行总结评价，并指出存在问题，起到教学反馈的作用。整堂课都在教师的主导下进行学习、练习，在教学方法方面显得单一、枯燥，教学效果不佳，挫伤了学生学习的积极性和主动性，忽略了学生练习时的心理感受和肌肉的感觉，导致学生“喜欢瑜伽运动而不喜欢上瑜伽课”。瑜伽课程是一门实践课程，练习的效果因人而异，并且亲自实践练习才会领略其中的奥妙。如果只注重体式的好坏，而不重视个体的差异，这种瑜伽教学则是不公平的。

2. 快乐体育的“兴趣”教学模式

快乐体育是日本学校体育的教学观点，主要针对学生的厌学现状，并为实现学校体育与终身体育的对接而提出的。根据的是体育游戏的理论，让学生不仅学到运动技能，而且能够体验到运动的乐趣，课堂气氛热烈、兴奋，把教学融于游戏中。可是瑜伽的练习需要安静的环境、平和的心态，需要关注自身的感觉，需要呼吸的缓慢深长。学生很容易关注游戏的兴趣，忽略身体的感觉，这样容易导致学生记住游戏，忽略动作感受，偏离瑜伽的本意。

3. 分组教学模式

分组教学模式是其他体育运动项目运用很成熟的一种教学模式，它可以提高教学质量，发挥学生的自主性和积极性，适应学生的个体差异，促使学生动作技能的形成。可是经过一个学期的瑜伽课堂尝试后，却发现学生可以把动作体式做得很好，但没有肢体的感觉，学生硬是把内外兼修的瑜伽练成了“机器人”般的广播体操，毫无灵魂。

此外，目前高校课堂上特别流行“微课”（micro learning

resource），在瑜伽课堂上的试验效果也不好。公共体育课的目的是让学生学习一些增强体质、保持身体健康的运动方法，为培养学生终身体育意识打下一定的基础，并不是练成多么高超的运动技能，加上学生的专业课业很重，学生课下根本没有多余的时间和精力去学习体育运动。显然，在其他体育项目课中运用很好的教学模式，用于瑜伽课堂多多少少出现了一些问题。

（七）与传统课堂相比，对分课堂的优势

1. 在教师讲授部分精讲多练，学生可以学习更多的东西

以前讲授新课，教师老怕学生不明白，备课时绞尽脑汁地让学生在有限的课堂上多明白动作的要领，讲解得十分详细，理解力高的学生嫌教师啰嗦，理解力差的学生嫌教师讲得不够明白，高不成低不就。在对分课堂上，只要把动作要领、练习方法、注意事项讲清楚就可以了，具体的感受需要学生自行内化吸收、小组讨论，最后分享自己的心理和肌肉感受。教师对学生不同的感受进行点评就可以了。教师的负担减轻了，学生对学习的内容掌握得也就更好了。

2. 分组讨论让学生内化吸收的东西进行分享，使更多的学生吸收更多的知识，让学生的动作具有灵性

在体育课中有分组练习环节，只是分组练习的是当节课讲授的新动作。由于刚刚学习动作，学生本身协调性、平衡性差等，练习的时候和机器人比划动作没什么区别：僵硬、没感觉，顶多动作熟练一些而已，没有太多的效果；对分课堂的分组讨论练习，是在学生课下内化吸收和与他人讨论、交流的基础上进行的，练习的时候

带有自己的节奏和感觉。尤其是上来展示的学生，动作展示后对自己的动作进行评价，学生的动作归属于学生个人，充满了灵性。同时，课堂上的交流学习也促进了学生之间的感情，有利于学生间的互助学习从而促进学生成为志同道合的好朋友。

3. 平时作业的布置减轻学生学期末的负担，督促学生的平时练习

对分课堂的教学模式每节课都有作业，虽然题目都是让学生写下自己练习动作的感受、闪光点和难点，但每节课不同的内容让学生有不同的感受。这既是瑜伽动作体式熟练的过程，也是学生的心理成长过程、内化吸收过程，让学生在练习中慢慢地找到适合自己的瑜伽动作，适合自己的瑜伽练习方法。同时，作业既可以督促学生的平时练习，也可以减轻学生期末考试的负担。以前，每到学期末学生拼命练习考核动作，练习方法激进、不科学，每个班总会有个别学生因为练习受伤而缓考。这样很容易形成有些学生平时不是很认真，最后也能取得好成绩，平时学习很努力的学生反而成绩一般的结果，这是很不科学的。而对分课堂平时作业占了很大的比重，并且学生平时经常的内化吸收已经形成了自己的练习方法，期末考试成了水到渠成的事情，不需要学生专门抽出时间练习，像平时一样就可以得高分了。

第二章

体育教学论对分课堂教学模式的设计与实践

第一节 体育教学论运用对分课堂的基本框架

毛振明老师主编的《体育教学论》共包含13篇章内容，分别是“绪论”“体育教学目标”“体育教学主体”“体育教学内容”“体育教学过程”“体育教学原则”“体育教学设计”“体育教学模式”“体育课堂教学”“体育教学方法”“体育教学环境”“体育教学评价”“体育教学研究”。其实，该书是围绕体育教学的“目标、主体、内容、方法、教学过程、环境、评价”等问题展开的。根据这学期体育教学论课程目标的要求，重点在于掌握体育教学设计的相关问题，所以这学期的主要内容包括：“体育教学目标、体育教学主体、体育教学内容、体育教学过程、体育教学设计和实践、体育教学评价、体育教学环境。”笔者针对主要内容分别设计问题（表2-1）。

表 2-1　体育教学论课程的问题设计

章节	问题
体育教学目标	对给定的教学目标进行评价和修改
体育教学主体	有些体育教师认为：“以往体育老师的指导性太强，课堂比较死板、枯燥，要学生喜欢上体育课就应该发挥学生学习的主动积极性，所以要淡化老师的主导性，强化学生的主体性。”对此，你如何评价
体育教学内容	如果你是湛江市某中学的体育教师，请在“下围棋、越野战游戏、高尔夫球、铅球、滑冰、毽球”几个项目中为水平四的学生选择合适的体育教学内容，并谈谈理由，最后总结体育教学内容的选择依据。讨论完通过总结让学生理解体育教学内容的选择
体育教学过程	举例说明体育教学原则在体育教学实践中贯彻的要求
体育教学设计和实践	完成一篇教案的撰写，在完成教案讨论的基础上，再独立完成说课稿，在完成微格说课*和教学实践环节之后，写关于教案和说课的“帮帮我”“考考你”问题
体育教学评价	通过看视频，写教学反思

注：体育教学中常用微格实验室进行说课训练，简称微格说课

针对表 2-1 中的六个问题，采用对分教学模式，对分课堂有三种基本教学环节。

一、课堂讲授

针对主题的概念、基本理论做一定的解释和分析，并依此布置学生的课外作业。

二、内化吸收

学生在课外完成课外作业包括三种形式：

（一）想一想

针对课堂上所讲的内容完成具体作业。考虑到学生还没有提出问题的习惯和能力，故该学期体育教学论主要采用这种作业形式。

（二）帮帮我

列出自己不懂的问题，讨论时求助别人，至少 1 个问题，更多则不限。

（三）考考你

列出自己弄懂了，但是觉得别人可能存在困惑的问题，向组员提问，至少 1 个问题，更多则不限。

三、课堂讨论

采用随机抽签的方式分组，每组 3～4 个同学，记为 A、B、C……组，每组座位固定（方便教师考勤）。学期中间根据学生学习情况考虑重新分组（大致每 4 次课分组一次），为加大交流范围，部分主题还将采取大组讨论的方式，即每个小组的 1 号同学组成第一组，2 号同学组成第二组，以此类推，共产生 4 个大组进行讨论。

讨论的程序大致分成 4 个部分。

（一）组内讨论

每组针对组员学生的作业展示、“帮 帮”问题、“考一考”问题进行讨论。

（二）个人陈述

通过点名或学生自己举手，请学生表达讨论之后自己对问题的认识。

（三）小组陈述

抽查部分小组学生展示该组讨论结果（可自我总结，可回答教师和其他组同学的提问）。

（四）教师总结

教师针对讨论的主题作内容和同学表现两方面的总结。

以体育教学论的问题串为主要内容，依据不同的教学方式，设计体育教学论课程的基本过程（表 2-2）。

表 2-2　体育教学论课程教学设计

教学内容	教学目标	教学过程	备注
体育教学目标	理解体育教学目标结构，并知道教案中体育教学目标的要求	课堂讲授，体育教学目标的定义、意义、层次、结构（重点是结构）	
		内化吸收，课后查找一份教案，对其教学目标进行评价和修改	
		课堂讨论，分组交流自己的作业，并以一份作业为例，完善评价和修改，最后总结制订体育教学目标的要求	
体育教学主体	理解体育教学中教师和学生的关系，并知道如何建立合理的师生关系	课堂讲授，教师主导性和学生主体性的含义、表现和条件	
		内化吸收，有些体育教师认为："以往体育老师的指导性太强，课堂比较死板、枯燥，要学生喜欢上体育课就应该发挥学生学习的主动积极性，所以要淡化老师的主导性，强化学生的主体性。"对此，你如何评价	
		课堂讨论，分组交流自己的作业，并讨论教师主导性和学生主体性的关系	

续表

教学内容	教学目标	教学过程	备注
体育教学内容	理解体育教学内容的含义、特性，知道如何对体育教学内容进行选择	课堂讲授，体育教学内容的含义、特性，以及体育教学内容的分类	
		课堂作业和讨论，看视频，谈谈视频中体育教学内容可以归入四种基本体育教学中的哪一类	
体育教学过程	理解体育教学过程、体育教学规律及体育教学原则，尤其对体育教学原则的运用具有一定的认识	课堂讲授，体育教学过程概念、性质，体育教学过程五大规律	
		内化吸收，自学体育教学原则，从中任选一条，举例说明其在体育教学实践中贯彻的要求	
		课堂讨论，分组交流自己的作业，并分大组加强交流的范围，让大家对不同的体育教学原则有更深入的理解	
体育教学设计和实践	理解课时体育教学设计、说课的基本理论和要求，并对体育教学方法和体育教学模式有一定认识	课堂讲授，体育教学单元和教案的撰写要求，说课的基本内容和要求。在完成微格说课和教学实践之后，结合学生上课情况讲解体育教学方法和体育教学模式	微格说课和教学实践分别是一次课，教学实践采用片断教学
		内化吸收，独立完成一篇教案的撰写，在讨论完教案的基础上，再独立完成说课稿，在完成微格说课和教学实践环节之后，写关于教案和说课的“帮帮我”“考考你”问题	
		课堂讨论，分组交流各自所写的教案，并互相评论。微格说课和教学实践之后再通过“帮帮我”“考考你”的问题进行讨论交流	
体育教学评价	理解体育教学评价的含义和基本类型，学会如何对一堂课进行评价	课堂讲授，体育教学评价的概念和基本类型	
		内化吸收，通过看视频，写教学反思	
		课堂讨论，分组讨论各自的教学反思，并完善自己的教学反思	
体育教学环境	理解体育教学环节的含义和构成要素	课堂讲授（Presentation），体育教学环境的基本含义和构成要素	内容简单，所以只有课堂讲授

续表

教学内容	教学目标	教学过程	备注
课程考核	采用过程评价和总结性评价两种方式，不仅评价学生对知识的掌握，更重要的考查学生学习能力，具体分为个人作业 30 分（每次作业分值在 3～5 分，共 6 次作业），小组总结 20 分（每次 2 分，共 10 次，小组成员都有分数），个人表现 10 分（根据考勤和课堂表现打分，无故旷课一次扣 3 分），期末闭卷考试 40 分		

第二节　体育教学论对分课堂教学案例一 体育教学目标

一、教材分析

体育教学目标是体育教学论课程的第一个问题，具体包括体育教学目标的概述（包括定义、意义等），体育教学目标的结构及体育教学目标的分类三个大问题。关于体育教学目标的定义、结构的内容，在上学期“学校体育学”课堂中已经跟学生讲过，这学期只是复习，这个单元重点讲述体育教学目标的分类，并通过教案中体育教学目标的评价，理解制订体育教学目标的要求和注意事项。

二、学情分析

学生在上学期“学校体育学”课程中已了解体育教学目标的重要性，清楚进行教学设计的时候，体育教学目标是重要而且首要的要素。通过这个单元的学习，让学生最终学会如何写教案的教学目标，这也是学生急切想掌握的教学技能。因此，学生对这个单元的学习欲望很浓。此外，通过上次课对对分课堂教学模式的讲解，学生已经清楚该教学模式基本的教学过程，这个单元是学生第一次尝试对分课堂教学模式，所以对这个单元的学习充满期待。笔者也认真设计了教学过程，让学生能持久地保持这种学习动机。

另外，学生没有教学实践经验，从理论上理解体育教学目标比较难，所以从讲授到课后作业、讨论，笔者对每个环节内容都进行了精心设计，通过学生自己解决问题（即使是理论上解决问题）来深入理解体育教学目标。

三、学习课时

学习课时为 3 课时。

四、教学方式

采用的教学方式为隔堂对分。

五、教学目标

1）理解体育教学目标的定义。

2）明确体育教学目标的结构。

3）理解体育教学目标的分类。

六、教学过程

（一）体育教学目标（讲授）

1. 体育教学目标概述

1）定义：师生通过教学活动所要达到的标准和结果，通过学生的学习效果来体现。

2）意义：体育教学目标是体育教学中的定向和评价因素，教师掌控体育教学的依据。

2. 体育教学目标的结构

体育教学目标的结构是由体育教学目标的外部特征和内部要素共同构成的。

（1）体育教学目标的外部特征

属于体育教学目标内容以外的，但对体育教学目标内容具有规定性的那些特点及其标志，包括“目标的层次”“各层次目标的功能与工作”，“各层次目标的功能与工作”中又有“功能”“工作”“搭载文件”三个方面。

理解体育教学目标的层次问题，即在体育教学实践中，具有超学段、学段、学年、学期、单元和课时等多层次的体育教学目标（表2-3 和表 2-4）。

表 2-3　各层次体育教学目标的外部特征

目标层次	各层次目标的主要功能	制定各层次目标的主要工作	该层次目标的搭载条件
超学段的体育教学目标	与其他学科相对比的体育学科的定位目标	研究学科的特性和功能	国家教学文件、体育教学论著
各学段的体育教学目标	大中小学间相对比、相衔接的体育教学策略性目标	研究各阶段的学生生长发育特点	各学段教学文件、学校体育教学规划
各学年的体育教学目标	针对学生身心发展状况和需要的体育教学发展性目标	研究各年龄学生的身心特点和教育计划	学校和体育教研组的教学计划
各学期的体育教学目标	学年的体育教学目标的分割（根据气候和学期教学工作安排）	研究四季和各项目运动的关系	体育教研组的教学计划
各单元的体育教学目标	依托各个运动项目学习的规律、依据各运动项目特性制定出教学目标	研究运动项目的特性和学理	教学进度或单元教学计划
各学时的体育教学目标	根据单元计划的逻辑分割出来的目标	研究教学时空情景和 45 分钟的条件	教师教案

表 2-4　中学各学段体育教学目标

超学段体育教学目标	各学段体育教学目标	各学年体育教学目标	各学期体育教学目标	各单元体育教学目标	各学时体育教学目标
学好、学精 2～3 项符合社会体育特点的项目、全面理解运动文化、掌握锻炼身体的方法	（中学）根据该地区教学要求和该校的体育条件，把武术、健美操和篮球列为精学教材，把乒乓球、排球、足球列为简学教材或锻炼教材	（初一）学好武术、健美操的基本动作，培养篮球的意识和技术、战术，进行乒乓球和足球的学习	基本同学年体育教学目标，各个项目侧重点不同	学习掌握一个成套大众健美操的基本技能	学习健美操第二段动作（70%以上能做好），复习健美操第一段的动作（100%能做好）

（2）体育教学目标的内部要素

体育教学目标究竟应该如何写？应该写哪些内容？应该写到何种清晰的程度？这些问题就牵涉到体育教学目标的内部要素。

什么是体育教学目标的内部要素呢？美国著名体育教学论专家西登托普（Siedentop）认为，具有指导性的体育教学目标（instructional objective）应该包括“达成什么样的课题”“在什么条件下达成课题”“用什么标准来评价”三方面内容（表 2-5）[①]。

表 2-5　体育课堂教学目标中“课题”“条件”和“标准”三个要素的范例

目标	课题	条件	标准
手持球、踢球 5 次中有 4 次超过 27 米	踢球	手持球	5 次中有 4 次超过 27 米
与同组同伴一起，找到三种以上快速向后移动的方法	寻找快速向后移动方法	与同组同伴一起商量	找到三种以上不同的方法
在向前向后跑动中，都能准确地把球传给同伴，不走步	跑动中传球	向前、向后跑动中	正确传给同伴，不走步

3. 体育教学目标的分类

布卢姆（Bloom）等将教学目标分为认知学习领域、动作技能学习领域和情感领域三个方面。由此可以把体育教学目标按认知、技能、情感进行分类。

认知目标：90%以上的学生对蛙泳中腿的动作技术有初步的认识，建立蛙泳中腿的正确动作的概念。

技能目标：通过复习水性练习、学习蛙泳腿的基本技术，熟悉

① 毛振明. 体育教学论. 北京：高等教育出版社，2011：20.

水性和提高水中的适应能力，80%的学生基本掌握蛙泳腿的技术动作，提高学生力量、灵敏、协调等身体素质。

情感目标：消除怕水的心理，培养学生勇敢顽强的品质，从而增强自信心；通过合作学习促进学生间的团结协作精神。

常用动词：

认知学习领域：通过……认识……；理解；建立……概念；明确。

动作技能学习领域：通过学习……复习……；巩固；提高；改进；发展；增强……体能。

情感领域：培养、发展、发扬、促进、协调……意志品质精神、创新精神。

课时教学目标示范 1

田径——蹲踞式起跑（水平四）的教学目标：

1）学生初步掌握蹲踞式起跑的技术要领，增强学生的反应能力。

2）发展学生的下肢力量、灵敏、协调等素质。

3）通过分组探究练习，学生养成思考合作的良好习惯。

4）培养学生拼搏向上、团结协作的精神与品质。

课时教学目标示范 2

羽毛球——基本动作练习（水平四）的教学目标：

1）掌握羽毛球运动的基本知识与技能，了解羽毛球运动的基本规则。

2）感受羽毛球运动的动作节奏，发展身体的速度、协调、判断等能力。

3）发现自己和同学的动作差异，提高对该项运动的认识和欣赏能力。

4）完成羽毛球项目的相互对练，能与同伴分享学习的快乐，培养合作意识。

课时教学目标示范 3

篮球——行进间单手低手投篮（水平五）的教学目标：

1）复习行进间双手胸前传接球技术，学习行进间单手低手投篮技术。

2）感受基本技术的美和篮球技术的实用性，提高运用技术的能力，培养合作意识。

3）发现自己与同伴的动作差异，能与同伴相互帮助，加深对技术的理解。

4）使大部分学生基本掌握行进间单手低手投篮技术，发展上肢力量，提高协调性和判断能力。

（二）体育教学目标（作业）

作业题目：修改所发教案中的教学目标（可以打印，也可以手写）。

说明：发给学生的教案是上学期学校体育学考试试卷中要求学生修改的教案，教案题目是《田径弯道跑教案》，教案中教学目标内容为“使学生基本掌握弯道跑的技术要领”。这里所列出的体育教学目标的主要问题过于模糊，没有具体可操作的内容，由此要求学生根据所学习的体育教学目标的结构和分类，修改原有的体育教学目标。

（三）体育教学目标（讨论）

体育教学目标的讨论流程设计如下：

1）分组讨论各自作业，让大家在比较、分析各自修改的体育教学目标内容之后，对体育教学目标有一定认识。

2）随机提问或请每组推荐的代表总结各组讨论的情况，旨在了解讨论后理解的程度。

3）在大家发言交流的基础上进一步讨论、总结。

4）继续提问或请学生总结，然后教师对讨论的内容和表现进行总结。

5）完善自己的作业。

七、教学反思

上学期已经在“学校体育学”课程学过关于体育教学目标的基本内容，学生对于体育教学目标的内容并不陌生。在“体育教学论”课程上首先花了一节课的时间复习“体育教学目标的层次”“体育教学目标的内部要素”“体育教学目标的分类”三个问题。在理解这三个问题的基础上，课后发给学生一份教案，要求学生修改教案中的教学目标。第二次课的第一节课让学生抽签随机分组，4 个学生一组，相互评阅组内同学修改的体育教学目标内容，指出有哪些相同点，哪些不同点，并说明原因？然后总结，其中 1 号学生负责撰写小组总结。

第一个教学班是二班，笔者以为学生都有自己的作业会很容易理解任务内容，所以一开始只是把讨论任务通过口头跟学生说了一遍。在巡回看大家讨论情况的时候，发现部分学生不得要领，不知道如何评阅同学的修改内容，也不知道如何总结。于是笔者把问题写在黑板上："①评阅其他同学所修改的体育教学目标（重点找出与自己修改内容的相同点、不同点）；②为什么会有不同，以此进行总结。"在接下来的时间里，分别与部分小组交流，再次强调总结的重点是通过归纳学生在修改体育教学目标内容上的相同点、不同点，并分析原因，然后再总结。

但事实上，还是有很多学生致力于通过总结 4 份修改内容，修改出一份比较好的体育教学目标，还有部分同学在分析原因的时候，致力于从体育教学过程解释为什么有这一点目标。而讨论的目的其实应该从设计体育教学目标的要求入手。但不管怎样，第一个教学班（2 班）的讨论还是很热烈的，至少大家都能投入思考不同学生写的修改内容。

以下为二班在自我总结时部分小组作的讨论总结：

（一）刘同学等组

1. 修改后的教学目标

1）认知：使学生理解弯道跑技术的原理，明确弯道跑的目的是发展速度，为耐久力奠定基础。

2）技能：通过教学，学生基本掌握技术要领，完成动作达到动力定型。

3）情感：培养学生不怕艰苦、拼搏奋斗的精神及良好的集体主义精神。

以上三点是我们小组通过讨论得出的，提出这三点的原因是：学会一项技能之前要通过讲解让学生认知这个项目，才能更好地掌握这个技术的细节与要掌握这项技术需要做的准备，让学习者不再抗拒弯道跑。

2. 讨论的不同点

该组的观点是通过一个学时来掌握这项技术，但我们认为有可能需要两个或者三个学时才能掌握。最后我们决定完成这个目标需要2～3个学时，因为达到一个动力型目标要通过几节课来练习，才能掌握这项技术。

（二）郭同学等组

1. 修改理由

依据PPT上的教学目标来看，目标不够明确，从上学期的学校体育学所学的教学目标来看，应从学生的认知、技能、情感方面出发，设计教学目标，让学生能够掌握弯道跑的技术要领。

2. 讨论结果

讨论过后，发现其中三个同学修改过的教学目标都是从认知、技能、情感方面出发的，另一个同学的教学目标没有分层次写。

3. 分析

1）认知目标：通过教师的讲解示范，学生对弯道跑有一定认识（三个同学的观点大致相同）。

2）修改理由：一般认知都是通过教师的讲解和示范而来的。

3）技能目标：郭同学、潘同学认为，通过弯道跑练习，学生进一步掌握技术要领。郭同学认为通过弯道跑的重难点学习，掌握技术要领正确完成弯道跑。因为重难点的学习是掌握弯道跑技术的关键。

（三）冯同学等组

在认知目标上，冯同学的答案是了解，而张同学的答案是理解，万同学的答案是熟悉。因此通过商量后，我们认为在认知目标上应该是理解；在技能、情感目标方面，我们的答案大致相同。

（四）肖同学等组

1. 认知目标

通过弯道跑练习，学生了解弯道跑练习的方法。

1）依据：弯道跑的技术原理。

2）原因：为水平四中距离跑打好基础。

2. 技能目标

能初步掌握弯道跑的技术动作，发展学生自我控制能力。

1）依据：弯道跑的离心力。

2）原因：因为弯道跑时，整个身体向内倾斜，左膝稍向外展，左脚外侧，右脚内侧，右腿和右臂的幅度和力量都要稍微大点。

3. 情感目标

学生在练习中乐于活动，接受教师的指导，善于动脑，乐于与同伴合作，勇于表现自我。

1）依据：水平四学生正处于身心发展的阶段。

2）原因：弯道跑本身是一种枯燥无味的运动，在教学中，我们要加入一些趣味，通过游戏或比赛来增加学生的兴趣。这样才有利于学生更积极地投入弯道跑的学习中来。

从二班讨论总结可以看出，每个小组都试图从组员不同的修改内容上进行分析，并有一定的深度，总体看出，大家都意识到把体育教学目标分成认知、技能、情感是比较合适的，刘同学等组还对为什么分成这三类有一定的分析。显然，学生对体育教学目标的分类是比较清楚的，但具体如何表达认知、技能、情感的内容还比较模糊。这需要通过具体教案的设计和实施进一步理解。

第二个教学班是三班，教师提前把与二班相同的任务内容写在黑板上，可是这个班的讨论并不是很积极，还有少部分同学甚至在做与讨论无关的事情，没认真参与讨论。仔细观察发现原因有三个：①有部分学生忘记带上次所写的修改作业；②因为明确了负责总结的同学是 1 号，其他学生觉得自己可以随意参加，没有压力，从而也就松懈了很多；③有一部分学生还是不知道讨论什么。看到讨论效果不好，增加了一个环节，抽查小组中一些学生汇报总结，或是回答问题，让学生先准备 5 分钟，然后开始点名让学生来总结，或是回答问题。经过大概三四个学生回答问题之后，再次强调这次讨论的主要目的是思考为什么学生在修改体育教学目标的的时候有不同的内容，由此总结体育教学目标修改的要求，之后，学生讨论的积极性有所提升，但总体来看，这次课的教学效果不是太好。以下是三班各个小组的讨论总结，这两份总结对体育教学目标应该包含认知、技能、情感三个维度，以及对体育教学目标撰写的要求是有一定认识的。

（一）黎同学等组

1）相同点：该组成员分别从三个方面（认知、技能、情感）分析教学目标。

2）不同点：该组成员的情感目标不同；认知目标大致一样；技能目标方面有的成员详细到百分之几的学生掌握弯道跑的技术，而有的成员则把目标详细到技术动作的每个角度。

3）优点：从四个学生的教学目标来看，基本上都写得比较全面，都从三个方面的目标阐述教学目标，而且也比较详细。

4）缺点：从情感目标来看，四个学生的情感目标都是存在漏洞的，因为他们没有切合实际的情况而把情感目标写得夸夸其谈。

5）总结：通过四个学生的讨论分析，我们一致认为撰写教学目标的时候应该分点（认知目标、技能目标、情感目标）进行，而且还要遵循四个原则（目标在体育教学场景中原则、目标包含努力因素原则、目标可选择性原则、目标依托体育教材原则）。另外，体育教学目标的撰写应该包含数字，这样比较具体，还有包含内容。

（二）李同学等组

对于水平四的学生来说，不需要掌握弯道跑技术的要领，只需要基本了解弯道跑就可以了，我的观点用一句话概括，其余三名组员分认知目标、技能目标、情感目标来概括，我之所以用一句话来概括是因为针对该教案下面的内容，训练内容的趣味性基本上可以说没有，并且这部分内容是不需要掌握的，谈何技能、情感目标？所以只需要了解与体验弯道跑。组员分三点是因为他们更明确地表达教学目标，并且更详细地说明教学目标，因为一节体育课并不是给40分钟的时间让学生运动，而是以体育课为契机，激活学生的运动兴趣，让运动融合学生的日常生活，让学生有健康的身心茁壮成长。不过该教案的弯道跑缺乏趣味性，难以激发学生的兴趣，所以我们的教学目标应该更全面。

第三个教学班是四班，课后经过思考，决定把问题改成：①寻找本组同学所写的体育教学目标修改内容有哪些优点，哪些不足，为什么？②总结体育教学目标包含的内容。③总结撰写体育教学目标的注意事项。带着这三个问题，学生讨论问题的积极性不错，跟几个小组交流，发现有的小组学习能力很强，对于体育教学目标的内容、要求、原则都有了清晰的总结。但有的小组还是不得要领，甚至有个小组到最后准备抽查的时候，还以为小组任务是修改教案中的体育教学目标。总体来说，第三个教学班的教学效果还不错，大部分学生都清楚通过这次讨论达到对体育教学目标结构、要求等问题理解更清楚的日的。通过这次课还发现了一个问题，当把任务布置完后，有些小组赶紧写总结，不是重点交流讨论，而是想着怎么写好一份能上交的总结，为此还需要作些调整。以下为四班小组总结的内容：

（一）苏同学等组

1. 组员作业分析

1）苏同学：段落分的不清晰，语言累赘，不简练；优点是提出锻炼体能这一目标。

2）宫同学：分成三个目标层次，较为清晰，简单易懂。缺点是技能目标模糊，不明确，缺乏明确的达标要求。

3）吴同学：优点与宫宗亮的相同，缺点是没有提到身体训练这一目标。

4）叶同学：目标不清晰。

2. 体育教学目标

体育教学目标包含：

1）认知目标。

2）技能目标。

3）情感目标。

4）体能目标。

3. 体育教育目标的要求

1）语言表达要清晰。

2）目标要明确。

3）实事求是，根据学生的身体条件明确目标。

4）目标层次之间要有侧重。

5）目标不用确立太多。

6）与教学内容相呼应。

（二）杨同学等组

1. 优点

1）目标明确，具体清晰。

2）将目标分为几大分题。充分照顾到技能目标、认知目标、情感目标等目标领域，而不是为了满足目标而生搬硬套，充分融合实践与理论的具体操作的可行性。

2. 不足

1）目标文字问题，出现病句。

2）把课程目标分得过于细致。

3）目标过于口号化。例如，培养学生竞赛精神等不属于课堂目标内容。

3. 总结体育教学目标包含的内容

1）体育教学目标内容：认知目标，技能目标，情感目标。

2）注意事项：技能目标应该有体能方面的训练目标，认知目标应该含有培养学生“终身体育”锻炼的含义，内容应该简单易懂、具有连贯性。

（三）陈同学等组

1. 组员作业分析

1)优点：除了让学生充分认识到弯道跑的技术要领和如何运用，

也注重提高学生的体能，激发学生的兴趣，注重培养学生终身体育的意识。

2）不足：层次不够清晰，过于注重比赛，没有针对身心发展状况进行分析，目标不够明确具体。

2. 总结

问：体育教学目标应该包括哪些内容？

答：认知目标、技能目标（体能）、情感目标。

3. 体育教学目标应该注意的事项

1）体育教学目标表达要清晰，内容完整、具体，目标必须明确、简洁。

2）要根据学校条件制定目标，如场地、环境等。

3）根据学生基本学情来制定。

4）要根据体育教材，体现体育教学目标与体育教材紧密结合。

5）要根据体育教学的三个维度（包括认知、技能、情感目标）分别来制定，其中还包括体能目标，为学生终身体育奠定基础。

6）要注意每课时的教学目标的衔接性。

显然，因为问题更明晰，四班学生作总结的时候，目标更明确，对问题的阐述更加清晰，但基于有些同学总是急于作最终的总结，到第四个教学班——一班的时候，笔者又作了一些调整。先布置第一个任务，“评阅同学修改内容的优点、不足”，并明确 1 号负责写总结，但会随机抽查任何一个同学回答问题，或汇报总结。第一项任务完成得差不多，再布置第二项任务，“总结体育教学目标的内容及注意事项”，并根据学生讨论时的问题提出一些具体问题。比如，“大家认为是分点来写教学目标好，还是一段话来写教学目标好？为什么？”一班教学效果明显比前面几个班都好，小组内讨论时问题很明确，因为知道有抽查，部分不爱学习的同学也积极参与。

以下为一班小组作的总结，总体来看，最后一个教学班对问题的认识最为清晰，阐述问题的时候，也非常明确地结合了上课所讲的关于体育教学目标分类及要求的内容，显然，最后一个班级的讨论是最为成功的。

（一）柯同学等组

本小组的教学目标修改为两个方面：①采用三个维度从认知、技能、情感三个方面分别阐述教学目标；②通过综合教学内容得出教学目标。

其中，采用第一种方法得出的教学目标，优点：可以从不同方向制定教学目标，注重教学内容在认知、技能、情感方面的教学。缺点：不能明确区别每个目标的内容，同时，未能对教学标准作出明确的界定。

采用第二种方法得出的教学目标，优点：综合教学重难点，注重技能教学目标，内容简洁；缺点：没有从各方面考虑教学时出现的问题，对教学目标的课题、条件的标准表达不明确。①一个好的教学目标，首先应该使学生在课堂上认识到弯道跑技术的相关知识，而且要掌握好弯道跑技术这个技能。②应该从学生的兴趣出发，使学生的身心健康得到好的发展。

收获：①本组认为教学手段在教学目标中出现并不恰当，应该在教学内容中体现；②在教学目标中，分点表达与结合表达教学目标各有好处，根据不同的教学内容灵活采用。

（二）叶同学等组

田径弯道跑教案的教学目标评价如下：

1. 优点

我们组的四位同学都很好地把技能目标写出来，并且目标明确，具体清晰。其中，两份教学目标分别从认知、技能、情感三个方面分析，思路很好，有层次，将目标逐步实现，使教学目标内容比较全面、条理清晰、易于学生接受。

2. 不足

1）有两份教学目标只写了技能目标，不完整，在教学目标中只能体现出掌握技能目标，缺乏认知目标和情感目标。

2）目标设置标准过高，不易达成。

3）目标不够全面，细化。一个班的学生不可能全面掌握技术动作还有练习方法。

3. 收获

1）体育教学目标应分层来进行确立。

2）教学目标不宜过高，易于学生接受。

3）教学目标要不断分析和细化，易于操作。

4）制订的体育教学目标符合学生的状况。

5）体育教学目标要有“课题”“标准”“条件”三要素。

通过这周的教学，简单归纳，可以总结出以下几点：

1）问题的设计应该根据学生的学习基础尽量明确、具体。从最开始的找相同点、不同点，到后来的找优点、缺点，从一开始只是笼统地找原因、做总结，到后来明确分析依据，并完成具体问题。例如，体育教学目标应该包含的内容、设计体育教学目标的注意事项。

2）任务可以逐步下达，让学生一步一步根据问题深入讨论，而不是为了完成总结，应付讨论，以后还可以让大家先讨论，最后明确一个学生写总结。

3）每个班总会有理解能力较强的小组，也会有理解能力比较差的小组，对于理解能力强的小组可以通过汇报抽查阶段鼓励他们，对于理解能力较差的小组主要在讨论时帮助他们交流来鼓励他们。

4）抽签的签纸一开始是A4纸，结果发现很容易坏，所以决定下次用卡片，也利于保存和重复使用。

此外，总结这次教学，发现还存在以下几个问题：

1）个人作业是要求上课前上交，但发现没有时间评阅了，是不是让学生提前一天交上来？

说明：在这之后的课程学习中，学生作业上交的时间一般在上课前一天。

2）增加了抽查汇报阶段，讨论环节的时间较长，可能不是一节课就能完成的，是否每次都安排抽查汇报？

说明：这学期所有的讨论环节都涉及时间不够的问题，抽查汇报阶段是教师和学生相互交流的重要环节，对于学生自我总结很有帮助，所以基本还是保留这个环节，并保证学生的普遍问题得到解决。

3）通过讨论，部分学生对学习有了更好的思考和更高的积极性，但还是有部分学生游离在边缘，怎么样通过有效的方式激励他们参与学习还需要再思考。

说明：通过一个学期的对分教学模式实施，发现提高学生积极性的方法，总体来说有两种：第一种是设计合理的问题，这样的问题是学生愿意思考并且能够完成的，让学生通过问题的思考参与到讨论中来；第二种是在讨论过程中，教师需要巡回指导，不一定参与到学生的讨论中，但可以在一旁听学生交流，一方面了解学生讨论的情况，另一方面也督促不愿参与的学生能够投入到讨论中来。

第三节 体育教学论对分课堂教学案例二 体育教学主体

一、教材分析

体育教学主体涉及的是体育教学过程中教师和学生的关系问题，这也是教育界长期争论的一个问题，以往一直在“教师中心论”和“学生中心论”之间徘徊。这种认识建立在主、客体两区分的原则上，把认识主体和认识课题予以区分，把学生放在客体的位置上，强调学生是知识的“容器”，而教师的地位和作用是高效传授知识。进入信息社会，随着信息传递的途径和方式发生变化，人们在教师和学生的关系上也产生了新的认识，尤其对教师和学生各自的地位和作用有了更深入的认识。由此运用“体育教学主体”，以强调师生各自的作用，而不是孤立地看到教师的作用或学生的地位。此次课的主要目的让学生真正理解教师的主导性及学生的主体性，在此基础上，正确理解教师主导性和学生主体性之间相辅相成的关系。

二、学情分析

学生在教师和学生关系的问题上，一直都有着自身感性的认识和体会，往届学生在学习这一章内容时都很感兴趣，表达欲望很强，但在理解教师主导性和学生主体性关系的问题上容易陷入主观的认识，而不能深入地从教师主导性和学生主体性的含义上进行分析。

三、学习课时

学习课时为 2 课时。

四、教学方式

教学方式为隔堂对分。

五、教学目标

1）理解教师主导性与学生主体性的概念。

2）明确发挥教师主导性和学生主体性的关系。

六、教学过程

（一）体育教学主体（讲授）

1. 体育学习的主导——体育教师

教师的主导性对应学生的主体性。主导性表明了教师在教学中的主要地位和主要责任。主导性包括对学生的领导、诱导和指导等综合的作用与责任。

体育教师在体育教学中的主导性主要体现在以下几个方面：

1）贯彻体育教学指导思想。

2）进行教学内容的选择与教材加工。

3）选用与学生学习需要相适应的教学方法和手段。

4）进行体育学习的评价。

5）创造适合学生学习的体育教学环境。

6）“导航”学生的体育学习方式。

其中，发挥体育教师主导性（表 2-6）的三个要素如下：

1）导向哪里？熟知体育教学观念。

2）沿着什么方向去引导？熟知体育教材。

3）怎样去引导？熟知自己的学生。

表 2-6　教师的“主导性”与“主宰性”的区别

区别点	教师主导性	教师主宰性
性质和本质	教师为提高教学质量和发挥教学的民主性所做的努力及其效益	教师为顺利完成教学任务并维护教师尊严所做的努力及其效益

续表

区别点	教师主导性	教师主宰性
工作重心位于课前教学设计的主要着眼点	①以课前的教材化工作为重心，以课中的教学管理为重心；②将教材加工成学习内容；③精心设计教学过程；④设计设问、讨论和探究学习；⑤设计学生的自主学习方式的教学形态	①将教学内容按部就班地教完；②使课的程序有条不紊；③学生的注意力集中；④学生能遵守纪律
课中教师的主要行为方式	教师重点开展传授、学习指导、练习指导、组织讨论、引导探究、回答问题等。特点：双向活动多、探究活动多、生生互动多、自主性学习与活动多、提问与讨论多、教学氛围热烈、学习氛围浓厚	传授、组织练习、指示与要求、监督与管理等严肃、呆板、组织氛围强、班级集体性学习多、整队和集合多、指示和要求多

2. 体育学习的主体——学生

学生的主体性是指在体育教学活动中，作为学习主体的学生在教师的教授、指导和引导下所表现出的积极态度和有独立性和创造性的学习行为。

学生在体育学习中的主体性表现有以下三点：

1）选择性：参与体育学习内容的选择。

2）自主性：①独立自主的选择学习方略；②开展个性化的学习方式；③开展探究性学习活动。

3）能动性：主动、积极地参与学习，最终新旧知识得以重组。

充分发挥学生主体性（表 2-7）的条件包括以下五点：

1）教师要把教授的目标转化成学生的学习目标。

2）教师要与学生共同拥有体育教材。

3）教师要将教学过程设计成学生的学习过程。

4）教师要创设民主的教学情境。

5）教师要重视学生的学习方法。

表 2-7 学生的“主体性”与“自由性”的区别

区别点	学生主体性	学生自由性
本质	学生朝向体育学习目标的选择性、自主性、能动性和探究性	学生指向舒适和闲散的自主性、散漫性和小群体活动性
课堂中的主要行为方式和行为体现	①对学习有积极性；②对教师提出的问题有探究愿望；③对练习有自主性；④需要同学间的互帮互助；⑤需要教师的指导与帮助	①对学习没有积极性；②对教师提出的问题没有探究愿望；③对练习没有兴趣，只趋向舒适和有趣味的活动；④不需要同学间的互帮互助，需要相互的自由交流；⑤不需要教师的指导与帮助
所构成的课堂氛围	学习、练习、讨论、探究、回答问题、思索问题等；热烈、活跃、学习氛围强；自由、散漫、休闲氛围强；教学中双向活动多、探究活动多、学生间互动多、自主性学习与活动多、提问与讨论多	自由活动、玩耍、扎堆聊天等部分学生参加喜爱的运动，部分学生不参加活动、教师没有教学要求；也没有讲解和指导

（二）体育教学主体（作业）

1. 作业内容

有些体育教师认为：“以往体育老师的指导性太强，课堂比较死板、枯燥，要学生喜欢上体育课就应该发挥学生学习的主动性、积极性，所以要淡化老师的主导性，强化学生的主体性。”对此，你如何评价？

2. 说明

通过对教师主导性和学生主体性问题的学习后，学生对两者的认识究竟如何，通过分析这个具体问题可见一斑。一般同学看到这个问题都知道不应该淡化教师主导性，但如何说清楚不能淡化教师主导性的原因，尤其如何结合后面“强化学生主体性”来解释是比较难的。解决此问题的根本在于正确理解教师主导性和学生主体性。

（三）体育教学主体（讨论）

讨论流程设计如下：

1）每组同学相互交流自己对问题的认识（20 分钟）。

2）抽查学生表达本组总结的问题答案（10 分钟）。

3）教师总结（10 分钟）。

4）学生总结（5 分钟）。

七、教学反思

关于体育教学主体的问题，对于学生而言似乎是一个很简单的问题，体育教学过程中一定少不了教师和学生共同的努力，但具体到教师发挥主导性更重要，还是学生发挥主体性更重要，不少学生还会想当然地认为，教师更重要，或者学生更重要。尤其是在体育教学中，似乎小学阶段更突显体育教师的主导性，到了高年级学生，尤其是大学阶段，体育教学中教师的主导性似乎不够明显，显现出教师主导性的弱化，这也造成很多同学对于“要淡化老师的主导性，强化学生的主体性”的命题持有肯定的答案。事实上，如果学生真正认识到教师主导性和学生主体性的本质内涵，意识到教师主导性指的是对学生学习过程的指导，而学生的主体性一定是在教师指导下主体地位的体现。那么，对于教师主导性和学生主体性的关系就会很明朗，两者是相辅相成、相互促进的。因此，在学生讨论过程中，面对部分学生认为“不同阶段教师主导性和学生主体性会存在不同程度”的认识，重点引导学生重视对教师主导性和学生主体性的理解，也提醒学生，不同阶段，教师主导性和学生主体性不同，不是程度的不同，而是表现方式的不同。如此，学生自然会对教师主导性和学生主体性相辅相成的关系更为清晰。

在最后总结的时候，重点解释清楚体育学习中的主导性与主体性的关系："教师的主导性"也可以理解为教师的指导性，应该是指"教师对学生学习过程的指导质量和强度"，而"学生的主体性"应该是指"学生朝向自己学生目标清晰度和学习过程中前进动力的强弱"，两者的连接点是"学习过程"。换句话说，教师的指导性就是"对学习过程的指导性"，学生的主体性就是"在学习过程中的主体性"。

其实，教师的主导性和学生的主体性是一件事情的两个方面，教师指导学生是为了更好地发挥学生的主体性学习，在学生接受教师的指导下，一个去正确地"导"，一个在主动、积极地"学"，因此两者应该说是统一的。没有正确"导"的积极"学"，只能是"瞎学"；而没有积极"学"的"导"，即使正确也只能是白费劲的"导"了。同时，引导学生重点理解图 2-1：

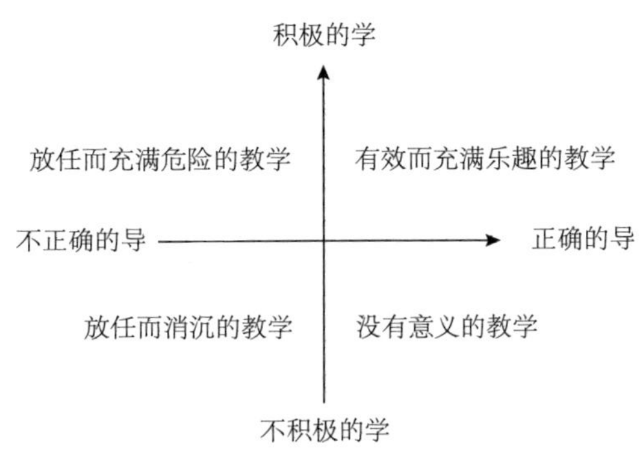

图 2-1　教师的导和学生的学关系图

通过以上内容可以总结出以下几点：

1）“教师主导性”和“学生主体性”是相辅相成的关系。在教学中，教师的指导性越强，学生的主体性就越强，反之，教师的指导性差，学生的主体性也差。

2）在体育教学中要通过强化和优化“教师主导性”来充分调动“学生主体性”。绝不能把发挥教师的主导性和尊重学生的主体性割裂开来和对立起来，在体育教学中通过强化“教师的主导性”来充分调动“学生的主体性”，让学生主动、积极地从事体育学习，实现教学目标。

在学生分组讨论和发言的过程中，教师需要很认真地分析学生所说的内容，“要淡化老师的主导性，强化学生的主体性”这样的观点是对的，因为对教师主导性和学生主体性认识不够，还因为自身意识到不同阶段教师主导性和学生主体性的表现是不同的，却理解为程度不同，或者是表达得不够清楚。部分学生在经过讨论和最后的总结，意识到自己在问题的认识上不够深刻，比如部分学生最后的自我总结如下：

冯同学：经过这节课的讨论和发言，我对于问题的解决有了一个更深的认识，有时问题的答案不仅仅是表面，另外，对于本节课的“主体性”和“主导性”也有了认识，以后在回答问题时也不会仅仅停留在表面。

朱同学：明确了教师的指导性和学生的主体性概念，明确了教师的主导性和学生的主体性关系，明确了教师的导与学生的学之间的关系。

李同学：在学习这章内容之前，我只是单纯地从字面上理解教师的主导性与学生的主体性，基本把学生当成知识的容器，教师是高效的传授者，但学完这堂课，才发现教师的主导性与学生的主体性两者之间的联系。这颠倒了自己的传统观念。

高同学：教师的主导性越强，学生的主体性就越强，不同年龄段的学生与教师在教师的主导性与学生的主体性两者表现上也是不一样的。

叶同学：学生的主体性不是天然而成的，需要靠老师引导主动学习，如果传统的上课方式令学生主体性降低，我们应该用另一种方法提高学生的主体性，如“对分课堂”这样的上课方式。其实主要是对主导性要求更高，更高的主体性也令学生有更高的主体性。

陈同学：通过这次讨论课我发现自己思考的方向不够全面，讨论之后我清楚地了解到该如何去回答这问题，以后再遇到这样的问题我就知道该怎么回答了。

李同学：清楚、明确了教师主导性与学生主体性的关系，以及从哪些方面阐述两者的关系。

李同学：我最大的收获是理解教师的主导性与学生主体性的关系，如何处理好两者的关系才能提高课堂的积极性，还有看问题、思考问题要全面，抓住问题核心的是什么，应该回答什么。

陈同学：上课前，我的观点是赞同，但是上课后，我的观点改变了，要从两者关系来说，不是从单一方面来讲。

王同学：在本次讨论课上，更进一步明确和认识了老师的主导性和学生的主体性的关系；更进一步理解了低年级主要发挥教师主导性和高年级发挥学生主体性的问题，收获很大。

也有部分学生在作自我总结时，突出在分析和表达问题上的收获，比如：

欧同学：回答问题时，尽量把自己的观点、看法直白地表现出来，关键词突显出来。在表明观点时，可适当加些生活或学习上的例子，这样的观点更具体、明确。

麦同学：我觉得不要在一个问题上走向死胡同，不能偏向任何一个自己觉得是对的问题，要全方位地思考问题。

李同学：我觉得我最大的收获就是凡事都有双面性，不能只从某一个角度看问题。

李同学：本节课的收获有：①明确问题的重点；②回答问题是应该分主次，简洁清晰；③总结到要点。

曾同学：这节课在讨论中解决了自己的疑问，在同学分析中清楚教师的主导性与学生的主体性。回答问题要抓住问题的关键，用简洁的语言表达自己。通过讨论，我们可以更好地解决问题。

陈同学：通过这次的讨论课，我发现我在思考问题时太过于死板，不能看到问题的关键点。

何同学：通过这次的讨论课，我的收获是对于学生的主体性与老师的主导性的关系，但觉得自己在思考方面总是受限于书本上的知识，没有在思考时充分发挥自己的想法。

梁同学：通过这堂课学习，我清晰地了解到答题过程的相关流程。抓住题目的要点，确立教师主导性和学生主体性两者的关系，通过一定的实践来论述，最后总结观点。

杜同学：通过这节课的学习，清晰地认识到答题过程的流程，并且要抓住题目的要点及题目之间的联系。答题时要明确地指出自己的观点。

李同学：通过这次课的学习讨论，我收获了：要理解一段话里面的关系，我们必须要全面理解题目的意思，要结合相关的知识，才能正确、全面地将问题理解清楚。

谢同学：通过这次课的讨论学习，我学会了如何去探讨这些论述题，如何准确找到论点，从而解决这个问题。

苏同学：在这次讨论中，我明白阅读题目的重要性。在答题过程中应着重在点子上，在教师主导和学生主体问题上，通过讨论，我对教师主导和学生主体这二者关系的认识更加清晰，在讨论过程中，不同的人有不同的看法，我应该对其给予尊重并认真考虑其观点，之后进行总结。

宫同学：在这次讨论课中，我懂得了解决一个问题时要抓住问题的重点，虚心接受别人的建议，勇敢地说出自己的想法，指出别人的错误。

杨同学：看到一个问题，不是分离而是讨论，更不是找字眼，而是看整体，全面思考。回到一个评价类问题，先写概念，再分析其中的不同，如果有第二题，更应该看，因为这些问题之间会有一定的联系。一堂讨论课令我受益匪浅，不同的观点相互争论，始终没有达成共识，最后被老师一语道破。不怕不一样的观点，就怕自己没有思考。希望以后这样相互交流的讨论课能多点。

有些小组除了组员自我总结以外，还归纳小组内成员共同的感受，于是有了以下很精彩的一些总结：

（一）马同学等组

今天我们K小组讨论了“是否应该淡化老师的主导性，强化学生的主体性”。其实这个题目看似简单其实不简单，不可以否认，这次我们讨论的情景没有上次讨论得那么激烈，我们都说出了自己的观点：“这个观点不完全合理，老师与学生之间的主导性和主体性之间是相辅相成的、相互促进的关系。”但是当老师抽查我们K4和K1的时候，却出现了不一样的答案，而且K4的答案并没解释清楚“相辅相成、相互促进”的关系。其实，要想充分发挥学生的积极性、主体性，那么老师的主导性是任何一方淡化或强化都会彼此影响的，因为老师传授知识，指导学生学习，激发学生学习的兴趣，在教与学过程中更好地达到教学目标。例如，一些危险的项目，如撑竿跳、跨栏需要老师主导性强，这样才能确保学生的安全。经过课堂上其他同学对年龄与这个问题有了分歧，同学们各自谈了自己的见解，听了他们的答案，我们小组对这个问题有了更深的认识，也了解到关于这个讨论课我们做得不够好、沟通交流不够，才会出现这种情况，课后我们也认识到了这个问题。通过这次课，我们慢慢地认识到要珍惜每次讨论课。因为这些题目的答案可以引发更多的见解，在交流、沟通的情况下，不管队友在与否，勤奋与否，只要开口交流，还是可以慢慢把题目看清，别人的想法也许都是自己想不到的那部分，所以交流沟通很重要。

（二）茅同学等组

我们的讨论心得如下：

1）面对这样的题目，脑中没有一个具体的思考方向，在答题时经常偏离重点。

2）在讨论课中误解了教师的主导性。

3）书本中的部分观点会使自身的思考受到局限，但又很难将书本的知识与自己的想法相融合。

4）在讨论的过程中，大家都是围绕一个点来讨论，这样不利于多方面进行深入讨论。

5）当老师进一步提出问题时，很少人能解释清楚。

（三）陈同学等组

本节课收获如下：

1）解决问题之前，首先理解问题的内容，然后再想办法解决问题。

2）在讨论过程中，当出现不同观点时，要用自己的观点说服其他观点，统一本组观点后才能解决问题。

3）通过这节课的讨论、学习，我们深刻认识到主导性与主体性的关系，二者是一个事物的两个方面，而不是两个事物。教与学是浑然一体的，没有平衡点，要从各方面考虑问题。

（四）李同学等组

经过我们小组的讨论和老师细心的讲解，深刻地了解到了“主导性”和“主体性”两者的概念和关系，为以后的实习打好基础。经过这次学习，我们深刻认识到，我们在语言组织能力和语言表达能力方面有所欠缺，应该加强训练，好好锻炼自己。

（五）邹同学等组

1）学习了老师的“主导性”与学生的“主体性”之后，我们更加了解在教学过程中教师与学生之间的要点。

2）既要通过教师的积极性，引导、精心组织、发挥主导作用，又要通过学生的自觉能动性促进学生主体性发展，这就是这节课的收获。

3）明确问题的重点，回答时分主次，简洁清晰，总结重点。

4）首先分析问题，看问题的问点，要答到点上，并非乱答一通。

（六）梁同学等组

我们讨论组讨论出来的观点是不合理的，因为课堂比较死板，枯燥多跟教师不研究学生的心理特点、不重视学生积极性的主观、拥有生硬的想法有关，这是教师的“主宰性”，并不是教师的主导性。正确的教师主导性指教师对学生的学习动机、兴趣深入了解，从而编制教材和设计教学过程，故以上观点不合理。

（七）陈同学等组

1）听了同学们的发言和老师的发言之后，我意识到自己对教师的“指导性”和学生的“主体性”的理解是片面的，从中我明白了这两者是统一的，而不是对立的，也明白了答题的方法。

2）理解到教师的主导性与学生的主体性是紧密结合、相辅相成的，在课堂教学中我们要利用教师的主导性调动学生的主体性。

3）让我收获到教师的教学方式和学生的学习创新有着直接的关系。教师的主导性会直接影响到学生的学习方向和获取知识的积极性。

总体而言，这次课对于学生的触动是比较大的，他们意识到教师和学生的关系并不是通常意义上所说的谁更重要的关系，而是相辅相成的。通过这次课的学习，学生渐渐有了从教师角度看师生关系的意识。作为教师，不能一味地要求学生做，而是应该指导学生学习。有的学生在总结中提道："如同这次课老师对于讨论课的设计，更多地只是引导我们，正因为老师主导性的发挥，让我们更主动地参与到讨论中。"也就是设计的这次课，本身教会学生如何理解教师的主导性和学生的主体性。在课堂上，教师似乎没有作特别的努力，但因为问题设计得合理，引导学生思考到位，学生很自觉地投入学习中，这种积极和收获不仅使学生自信心增强，也让教师感到很有成就感。这就是对分教学模式内在的魅力，让教师和学生都感受到教学的自信和成功！

第四节　体育教学论对分课堂教学案例三 体育教学原则

一、教材分析

体育教学原则是实施体育教学过程要遵循的基本要求，是众多体育教学要求中最基本的内容。其内容的学习建立在对体育教学过程性质和体育教学规律的理解基础上，因此，在学习体育教学原则之前，首先必须理解体育教学过程的性质和体育教学规律。教材中共有七条原则，即合理安排身体活动量原则、注重体验运动乐趣原则、促进运动技能不断提高原则、提高运动认知和传承运动文化原则、在集体活动中进行集体教育原则、因材施教原则、安全运动和安全教育原则。每条原则都有三个问题：含义、依据、贯彻的基本要求。其中的依据主要根据体育教学规律的分析。

二、学情分析

学生对体育教学原则是比较容易理解的，因为对于每一条原则，学生都在自己作为学生的教学实践中体会过。但同时，学生学习体育教学原则又是比较难的，因为自身作为教师开展的体育教学实践非常少，要真正深入理解每条原则在实践中贯彻的要求是比较费劲的。因此，在学习体育教学原则的时候，如果逐条讲授每条原则的含义、依据、基本要求，学生会觉得很乏味。以往是结合实例进行讲解，但因为教学时间有限，无法落实到每条原则都讲。因此，学习体育教学原则，最好是学生自己根据实例进行分析。

三、学习课时

学习课时为 3 课时。

四、教学方式

教学方式为隔堂对分。

五、教学目标

通过学生对实例的分析，理解体育教学原则的含义、依据和贯彻要求。

六、教学过程

（一）体育教学原则（讲授）

1. 体育教学过程的含义与性质

（1）含义

体育教学过程是为实现体育教学目标而计划、实施的，从而使学生掌握体育知识和运动技能并接受各种体育道德和行为教育的教学程序。这个程序具有学段、学年、学期、单元和课时等不同的时间概念。

（2）体育教学过程的性质

1）体育教学过程是学生掌握运动技能的过程。

2）体育教学过程是提高运动素质的过程。

3）体育教学过程是学习知识和形成运动认知的过程。

4）体育教学过程是集体学习和集体思考的过程。

5）体育教学过程是体验运动乐趣的过程。

2. 体育教学规律

（1）运动技能形成规律

按粗略掌握动作阶段—改进与提高动作阶段—动作的巩固与运

用自如阶段形成运动技能。

（2）运动负荷变化与控制的规律

热身和逐渐加强运动负荷的阶段—根据教学的需要调整和控制运动负荷的阶段—恢复和逐渐降低运动负荷的阶段为运动负荷变化与控制的规律。

（3）体育知识学习和运动认知的规律

广泛进行感性认知形成感性基础的阶段—进行理性的概括形成理性认知的阶段—将例行的认知演绎到各种运动情景的应用阶段为体育知识学习和运动认知的规律。

（4）体育学习集体形成与变化的规律

组成集体，形成集体因素—集体巩固，在集体中接受教育—集体成熟，自觉采取集体行为—集体分解，形成新学习集体的阶段为体育学习集体形成与变化的规律。

（5）体验运动乐趣的规律

学生在原有的技能水平上充分运动从而体验运动乐趣—学生向新的技能水平挑战从而体验运动学习乐趣—学生在运动技能细的以后进行技术和战术的创新从而体验探究和创新乐趣为体验运动乐趣的规律。

（二）体育教学原则（作业）

1. 作业题目

从七条原则中选择一条，自学含义、依据和贯彻的基本要求，举例说明所选的这条原则在体育教学实践中贯彻的要求。

2. 说明

通过体育教学过程性质和体育教学规律的学习，学生通过自学能够理解体育教学原则的含义和依据，为减轻学生负担，作业要求学生只需要从七条原则中挑选一条完成自学，并结合自身教学实践，通过实例分析这条原则在体育教学实践中贯彻的要求。

（三）体育教学原则（讨论）

讨论环节设计流程如下：

1）分组讨论各自作业，让大家对彼此所写的原则有一定认识（30分钟）。

2）随机提问，旨在了解讨论后理解的程度（15 分钟）。

3）每个小组的 1 号同学组成第一组，2 号同学组成第二组，以此类推，共产生 4 个大组，因为每组人数太多，再由 4 个大组分半，形成 8 个大组继续交流、讨论（30 分钟）。

4）完善自己的作业（15 分钟）。

七、教学反思

体育教学原则是基于体育教学规律的理解上对体育教学的基本要求，上次课通过体育教学规律的讲授，学生对体育教学原则有一定的认识，所布置的作业是："从七条原则中选择一条，举例说明所选原则在体育教学实践中贯彻的要求。"旨在让学生自学理解体育教学原则，尤其对所选原则在实践中的运用作一定的思考。学生因为没有教学实践，对体育教学原则的理解只能基于自己的专项课学习或其他观察到的体育课，所以对贯彻要求不能有深入的理解。

（一）收获

1. 通过两次不同组员的交流，学生对七条体育教学原则中的大部分原则有一定的认识

此次课的分组，除了原有的4人一组的讨论外，还尝试了由小组合并成大组进行讨论的方式，其目的是为了增大讨论的范围，让学生更大可能地了解更多的原则。实施效果显示，这样分组基本达到了预期的目标，每个学生都了解了5～6条体育教学原则。

2. 通过学生自己的实例阐述对原则的认识，容易产生交流，讨论氛围热烈

因为强调了讨论的重点是通过例子理解体育教学原则在实践中的要求，所以在两次讨论中，大家都热烈地交流了自己的实例。因为都是大家熟悉的教学实践，讨论中，不时有学生对其他学生所谈论的案例进行补充或反驳。以往教学逐条讲授每条原则的含义、依据和贯彻要求，很空洞，学生参与较少，现在通过学生自学、讨论、总结，至少让学生对体育教学原则有了更多的重视，学习氛围不错，也能主动思考如何在体育教学实践中运用体育教学原则。通过组员阐述不同的案例，加深了学生对原则的理解。

（二）缺点

1. 讨论内容比较多，不管是4人小组讨论还是大组讨论，时间都不够

在谈到每条体育教学原则时，总有其他学生进行补充，讨论时

间比较长，因为涉及 7 条教学原则，讨论的内容比较多，所以在 4 人小组讨论时，每个小组都只谈到 2～3 条原则，大组讨论时，更多的是听其他学生谈自己的认识，也只能谈到 4～5 条原则。所以，大家只能了解到大部分的体育教学原则，而且在最后完善作业环节，很多学生没有时间完成，要求大家课后再继续完善，部分学生没有认真再完善作业或进行总结。

2. 学生书面表达能力还需提高

接近一半的学生在完成这一章节作业的时候，没有结合实例，而是直接抄书上的内容。但在讨论的时候，大部分学生阐述了自己的实例，当问及为什么在作业里没有写出所谈的实例时，学生回答说不会表达。4个班在这次课的讨论中积极参与，讨论氛围很不错，但只有部分学生在最后作了总结，其实也跟其还缺乏一定的表达能力，尤其是缺乏书面表达能力有关。部分学生擅长口头交流、讨论，但不擅长进行书面总结归纳，这点需要以后加强。

总体而言，此次课的教学效果是不错的，在后面的实践课环节还将融入体育教学原则的内容，加深学生的理解。以下是两位学生在这次课的总结，从中可以看出学生在此次课对体育教学原则的理解是“好像停留在说明原则的理由”，所以需要加强实践，以加深对体育教学原则深入的认识。

李同学：给条件不一样的学生制订不一样的体育教学目标，这样能让他们敢于挑战自己，从而得到更大的进步。把因材施教面向全体学生，所以坚持因材施教的原则，争取使每个学生得到平等的教育和充分发展的机会。

何同学：经过老师的分析和同学们的讨论，将之前误解的原则纠正过来了，经过这次课，谈的最深的是“合理安排身体活动量”原则，接下来针对此原则谈谈我的收获。

1）合理安排身体活动量原则的基本要求如下。

①身体活动量的安排服从体育教学目标。

②身体活动量的安排服从学生的身体发展状况与发展需要。

③要通过科学的教程、教材和教法设计来合理安排身体活动量；

④要因人而异地考虑运动量。

⑤要逐步提高学生自我控制运动量的能力。

2）体育项目包括很多类，每个项目都有属于它的特点，所以在身体活动量上的安排也是不一样的，而且每个阶段学生的发展状况不一样，教学内容不一样，会导致运动量就会不一样。例如，在田径 100 米跑的基本技术动作中，学生要反复地去领悟动作要领，但这样会导致活动量大，所以要适当地减少运动量，追求质与量之间相协调的关系；而在乒乓球的基本技术动作中，活动量负荷可能比田径 100 米跑的活动量负荷低，未达到预计的心理负荷，在基本的联系上，适当增加活动量，在课堂中，考虑学生的个别差异，因材施教等。

3）对于其余六条原则的认识、了解都好像停留在说明原则的理由上，不过有两条原则，经过两次分组都没有讨论，但经过这次的讨论，对十七条原则都有了一定的了解。

第五节 体育教学论对分课堂教学案例四 体育教学设计与实践

一、教材分析

体育教学设计是体育教学论课程的核心问题，学会写一份教案是体育教学论课程学习最基本的要求。往年在学习过程中，学生主要学习体育教学设计的理论，却无法真正理解教案的要求。结合指导学生参加广东省体育教育专业学生基本功大赛的经验，这学期在体育教学论课程中设计了教案撰写、微格说课、片段教学实践三个环节，让学生能够通过体育教学设计讲解—自行的教案撰写—相互评阅教案—说课—教学实践—总结，最终深入理解教案、说课及实践教学的基本要求。

二、学情分析

学生在以往术科普修课程中有教案撰写的要求，但大部分学生并没有自己真正写过教案，而只是在网上看过一些教案。教案撰写是学生最为关心和关注的问题，不仅仅是为了考试，更多是因为撰写教案是体育教师应聘最基本的要求。所以，学生往往在这个环节非常认真地学习，并希望通过学习真正掌握写教案的技巧，对于体育教学设计的基本理论知识，学生并没有耐心、深入学习。因此，在第一次课，教师把体育教学设计的基本理论知识讲授完，之后主要是通过讨论、总结，指导学生在理解理论知识的基础上，掌握体育教学设计及说课的技能。

三、学习课时

讲授体育教学设计为 2 课时。

评阅教案、总结教案为 2 课时。

微格说课为 2 课时。

实践教学为 2 课时。

教案、说课、实践教学总结为 2 课时。

四、教学方式

教学方式为隔堂对分、实践。

五、教学目标

1）通过体育教学设计内容的讲授，理解体育教学设计的内容和步骤。

2）通过相互评教案，理解教案的要求。

3）通过在微格实验室的说课训练，理解说课的要求，提高说课的能力，并进一步理解教案的结构和要求。

4）通过分组实践，进一步完善教案，并学会总结体育教学设计、说课及教学实践中的问题。

六、教学过程

（一）体育教学设计（讲授）

1. 体育教学设计的基本问题

（1）体育教学设计的含义和工作内容

体育教学设计是根据教学目的和教学条件，对某个过程（如学段、学年、学期、单元和学时）的教学进行各方面最优化的研究和计划。

体育教学设计包含分析阶段的工作内容、设计阶段的工作内容、评价阶段的工作内容。

分析阶段的工作内容如下：

1）对学生学习需要和发展需要的分析。明确学生“为什么而学”“为什么必须学”的问题。

2）对学习内容的分析。针对学生的学习和发展的需要决定“让学生学什么”的问题。

3）对学生的分析。分析学生在进入学习前的准备状况。这个准备状况包括学生的身心特点、某项技能的基础等。

设计阶段的工作内容如下：

1）体育教学目标的设计。在对学生的需要、学习内容和学生自身情况分析的基础上，要对体育教学目标进行设计和编写。

2）体育教学策略设计。体育教学策略主要解决的是体育教师"如何教"和学生"如何学"的问题。

3）教学媒体的设计。在教学设计时应遵循"经济有效"的原则来选择教学媒体，再进行"教学媒体的设计"，就是将教学内容与方法转换为印刷的或视听的等具体详细、具有可操作性的实施方案。

4）教学过程的设计。可用流程图的形式，简明、扼要地表达各要素之间的互相关系，直观地表示体育教学的过程。

评价阶段的工作内容如下：

评价阶段中教学设计的评价可采用形成性评价和总结性评价。

（2）体育教学设计与体育教学计划的比较

体育教学设计指根据教学目的和教学条件，对某个过程（如学段、学年、学期、单元和学时）的教学进行各方面的最优化研究和计划。

体育教学计划指体育教学设计的成果形式，是根据国家颁发的体育教学指导文件，参照学校所选用的体育教科书，结合学校的体育教学实际而制定的体育教学指导方案和教学过程实施方案。

体育教学计划与体育教学设计的异同如表 2-8 所示：

表 2-8　体育教学计划与体育教学设计的异同

相同点	不同点
1）教学设计和教学计划同是对教学的研究和筹划 2）教学设计和教学计划的工作对象同是体育教学的过程 3）教学设计的工作和教学计划的工作有时是交叉进行的	1）教学设计是研究的过程，而教学计划则是研究的成果 2）教学设计完成的主要标志是思路的形成，而教学计划完成的主要标志是方案的形成 3）教学设计往往是宏观、全面的，而教学计划往往是具体、细致的

2. 课时教学计划的撰写要求

（1）体育课教案的分类（实践课）

体育课教案包括理论课教案、实践课教案（教学课教案、活动课教案、考核课教案）。

教学课教案包括表格式教案（双栏式、多栏式）、顺序式教案、卡片式教案。

制定教案的基本内容与步骤如下：

1）确定课的教学目标。

2）排列教学内容。

3）针对教学内容组织教法。

4）安排各项教学内容、时间和练习的次数。

5）设计课的生理负荷和练习密度。

6）计划这节课所需要的场地器材和用具。

7）课后小结。

（2）体育课教案的基本术语

1）体育课的目标要求具体化、可评价。

2）动作要领指身体练习的技术基础。动作要领包括身体练习主要环节及其动作顺序。新教材技术动作要领描述细致，复习教材描述简单。

3）教材重点指身体练习的主要部分，即某一个身体练习的技术关键或技术环节的重要连接部分。

4）课的重点指一节课的主要任务或主要教材。

5）教材难点指学生对教材在技术上不易掌握的部分。

6）一般性练习指为了全面发展学生的身体或充分调动学生各器官系统机能的能力，使学生进入良好的工作状态而进行的活动；多用于一般性准备活动和课课练活动。

7）专门性练习指为了学习某项基本技术而选用的身体练习。专门性练习包括诱导性、辅助性练习等；多用于专项准备活动。

8）教学组织指教学分组、基本练习、队形、体育器材摆放、教学措施、教师指挥与示范的位置等，常用图或符号表示。

9）教学步骤是教学方法和教学步骤的复合词，指教、学、练的有机结合及其有序过程。

10）要求是对学生提出的基本愿望和条件。

（3）教案的基本内容

1）表头（课题、授课对象、人数、时间、课次……）。

2）教学内容。

3）教学目标。

4）重点难点。

5）教学过程。

6）场地器材。

7）预计学生生理、心理负荷。

8）课后小结。

（4）写教案的基本要求

写教案要求任务明确、要求具体、贴近实际、重点突出、组织严密、方法科学、手段多样、负荷适当、场地合理、文字简练、思想新颖。

（二）体育教学设计与实践（作业）

1）课外完成一份水平四的课时教学计划，内容自定，要求内容完整、格式规范。

2）针对教案写好说课稿（时间为 10 分钟）。

3）实践教学结束后，完善教案和说课稿。

（三）体育教学设计与实践（讨论）

教案评阅环节的讨论流程设计如下：

1）分组相互评阅组员所写的教案，要求在教案上写评语(30 分钟)。

2）每个同学写出考考你、帮帮我的问题各两个（10 分钟）。

3）合并成大组进行交流，解决各自所写的问题（30 分钟）。

4）针对同学的问题进行总结（20 分钟）。

实践教学结束后的讨论课流程设计如下：

1）分组讨论各自完善的教案、说课稿及实践教学听课记录，为了让大家对说课更有针对性的交流，设计以下问题：①说课的对象是谁？②说课的目的是什么？③说课的内容包括哪些？④说课的重点是什么？⑤如何才能说好课？（40 分钟）

2）抽查同学上前作总结（20 分钟）。

3）教案、说课、教学实践总结（20 分钟）。

七、教学反思

体育教育专业学生学会写教案、说课、教学是最基本的要求，在这一环节的学习过程中，学生的学习态度很认真。在评阅其他学生教案的讨论课上，大部分学生都开展了交流，针对有分歧的问题展开讨论，这也让学生对教案的认识更为深刻。通过微格说课和实践教学，学生对教案、说课、教学的疑问更多，所以在讨论课上，共同解决问题的意识很强，讨论氛围很热烈。

以下是小组对说课的总结，前三个问题答案是比较固定的，后两个题目的答案能体现出小组讨论的效果，故只列出后两个题目的内容：

（一）麦同学等组

第 4 题："为什么这样教"是说课的重点，要把教学设想、教学效果的理论依据说清楚。

第 5 题：说课的要求包括："教案编排合理，不仅要层次清楚地说教什么和学生学什么，怎样教和怎样学，更要从理论的高度说出自己为什么这样教和学生为什么这样学。"

（二）李同学等组

第 4 题：说课的重点为，突出教学任务、反映教学信息、提高教学效果。

第 5 课：如何说好课？思路清晰、层次分明、各个环节衔接自然，表达流畅，内容突出，熟悉教材，教学方法，运用技巧，态度端正，要自信、自信，再自信。

（三）刘同学等组

第4题：重点为，说课的重点为教学过程中的基本部分。

第5题：如何说好课？①一口标准、流利的普通话；②对教学内容熟悉；③条理分明，能侧重说明重点；④能借助多种教学手段，比如多媒体，还能合理使用身体语言。

（四）陈同学等组

第5题：主要是体现在“说”，说课不是上课，要清楚地阐述教学过程，注意详略得当，突出说课的要求，还要脱稿。

以下是小组对实践教学环节上课同学的说课、教学评价：

（一）黄同学等组

（1）评价健美操（侯同学）组

首先他的说课时间不足，才3分钟，上课的课题没有说，学情分析没有说清楚，学生的数量、基本情况及学生的素质水平情况都没有说清楚。

上课时没有小游戏部分，步骤不是很明显。

（2）评价刘同学组

说课：说课时间不足，才3分钟，说课的学情分析、材料不是很清楚，没有自我介绍，没有课题。

上课：教学部分不完整，没有游戏，只有教学部分，没有素质练习，上课超时。

（二）梁同学等组评价足球2组

总结一：说课的内容有指导思想、学情分析、教学内容、教学目标。教学重、难点、教学流程、场地器材和负荷预计。

缺点：教学流程过于啰唆，准备不充分导致说课的时候断断续续。

总结二：关于教师实践部分。

优点：口令清晰，教学安排比较合理，积极指出学生的错误并改正，鼓励表现优秀的学生。

缺点：组织练习有点乱，带了哨子但没有怎么用到，还有就是技术动作讲解时过于术语化。

（三）李同学等组

1. 评价陈同学（足球）组

说课：1）说课不够流畅，不够连贯。

2）教案内容不够熟悉。

3）声音洪亮，吐字清晰。

教学：1）没有清点人数就直接开始上课了。

2）示范动作不够干净。

3）能够及时发现学生的错误，但是没有进行改正。

4）对于不遵守课堂规矩的学生没有进行处理。

2. 评价梁同学（足球）

说课：1）说课不够流畅，吐字不清晰。

2）说课时太紧张。

3）声音比较洪亮。

教学：1）对示范动作的内容讲解不是很清晰。

2）示范的位置不够全面。

3）对于练习中表现比较好的学生给予鼓励，并进行展示。

4）教学没有循序渐进。

3. 评价潘同学（篮球）

说课：1）说课时不够严肃，小动作过多。

2）对教案的内容不够熟悉。

3）表达不够连贯，吐字不清晰。

教学：1）示范讲解的动作过于简单，不够全面。

2）教师教学不够严谨、不够认真。

3）课堂纪律比较混乱。

4）能够充分地发挥哨子的作用。

5）教学的连贯性较差。

4. 评价茅同学实践课总结

说课：1）没有站好。

2）说课感觉在背稿。

3）教学过程的安排表达不清楚。

4）与评委没有眼神交流，语言不流利。

上课：1）时间把握不够好，教学部分不完整。

2）站姿不自然，口令不正确。

3）没有结合内容少说多做。

4)教学没有重难点,教学中的基本部分没有详略表达出。

5. 陈同学等组总结

说课：1）前半段很流利也很清晰，但是整个过程有很多停顿。

2）学情分析、指导思想、教学内容、教学目标都有，但是后面的内容缺少平均心率、练习密度和场地器材，教学流程也不清楚。

授课：1）没有安排学生报数和清点人数，没有放松部分。

2）整个教学环节很死板、枯燥。

3）水平四的学生没有游戏很难带动学生对课堂的兴趣。

（四）潘同学等组总结潘同学篮球课

说课：1）小动作过多，吐字不清晰。

2）说课过程不是很连贯。

3）说课内容不完整。

4）时间不够。

上课：1）口令不够响亮，队伍调动不规范。

2）没有突出教学的重难点。

3）上课流程较好，有小游戏活跃气氛，有复习内容、教学内容。

4）不够严肃。

（五）马同学等组评价田径（茅同学的蹲踞式起跑）

说课：1）说得有点乱，不太清晰。

2）说课常规不完整。

3）教学步骤不完整。

上课：1）热身操有创新，行进间有拉伸。

2）没有让体育委员亲自安装起跑器，没有讲清楚就让体育委员示范。

3）太紧张。

4）哨声不标准。

5）学生练习时没有纠正错误环节。

6）边讲解边示范但是讲解不太详细，老师讲得过多，学生练习得过少。

7）时间安排不科学。

（六）评价武术教学

说课：1）内容不流畅。

2）太紧张。

3）声音过小。

4）没有戴手表。

5）教学目标不清晰。

6）更多时候是在背稿。

7）说课时间安排不合理。

上课：1）整队时老师左右不分。

2）动作有示范，但不标准。

3）做练习时，跟学生方向不一致。

4）学生做错事会有遗漏。

5）时间不科学，太紧张。

6）蛙跳不能作为体能训练。

（七）评价健美操教学

说课：1）小动作过多。

2）前半部分还可以，后半部分思路不清晰，不流畅。

3）时间不够。

上课：1）上课内容充实、完整，教学循序渐进，分组教学展示。

2）有素质练习。

3）教室设备齐全。

4）整队时口令不清晰。

5）时间安排合理。

6）没有课题名称。

（八）评价田径2组（实心球）教学

说课：1）声音洪亮，但不流畅，停顿太久，太紧张。

2）普通话有待加强。

3）内容不完整。

上课：1）上课有游戏，活跃气氛，但是游戏有点危险。

2）有答有问。

3）有示范，让学生展开讨论。

4）老师没有在学生练习时纠正错误。

5）素质练习结合教学动作。

6）时间安排不合理。

7）没有课题名称。

从以上小组对说课及对实践课同学说课、教学的评价来看，至少对说课的基本要求，比如控制时间、应该包含的内容、不应该背稿，应该自然、大方有比较深入的认识。在教学方面，观察得很仔细，找到了很多细节问题，比如课堂常规、讲解示范的合理性、指导学生的合理性、教学内容的安排、教学过程节奏的把握等。说明大部分同学对教案、说课、教学的要求已经基本清楚，需要更多的实践活动来强化这些认识。上实践课的学生因为是第一次上课，大多都比较紧张，尤其是因为缺乏经验，出现很多问题，但经历过这次实践，他们对教学的理解更加深入。即使是在一旁看课的学生，也感受到作为教师开展教学的要求，很多学生课后谈道："通过这次实践课，明白了备课非常重要，也知道上课不是那么容易。"

以下是一些学生针对教案、说课、教学三个环节写出的"考考你""帮帮我"的问题，以及经过讨论，一起解决问题的内容。

黄同学等组

考考你

1）教案中一定要安排游戏吗?

答：不一定，可以视教学内容而定。

2）如何判断学生的运动负荷?

答：通过心率的测试来判断学生的运动负荷。

3）说课的重点在哪？

答：在教学流程。

4）说课要细讲技术吗？

答：不用细讲，可以大致谈到。

5）教学时对动作技术要领的讲解和动作练习的时间分配该如何把握？

答：应精讲多练。

6）教学时，教师应该严肃点还是应该以活跃轻松的态度上课？

答：教学时，教师应严肃认真，但在教学语气态度上可以活跃轻松，这样可以促进师生之间的交流。

帮帮我

1）教案中的时间如何分配？

答：控制好 4 个部分结构的时间。

2）教案的教学内容如何安排？

答：根据单元教学计划合理设计教学内容。

3）说课要不要带肢体语言？

答：要，不过要自然。

4）如何在说课的时候不要像在背稿？

答：熟练内容，多练习，内容要融会贯通。

5）教学中如何解决重点、难点？

答：好难，要合理设计教学方法。

6）教学中上好一节课的关键是什么？

答：通过共同讨论，认为最重要的是多学习、多实践。

通过这个小组对“考考你”“帮帮我”问题的设计、讨论和解决，可以看出，学生设计的问题比较简单，而且有些表达不是很清楚，比如，“教学中如何上好一节课的关键”中何为关键？后来跟学生交流，其实学生想表达的是一堂课怎样上出亮点。一堂课要有亮点就需要多花时间备课，多学习。由此看出，学生在提问题的环节，最大的难点是自己对问题还不够清晰，对于如何表达问题还不得要领。这学期两个环节要求学生设计问题，但效果都不是很好，在“考考你”“帮帮我”的问题设计上还需要对学生多进行指导。

第三章

大学体育健美操对分课堂攻略

第一节　大学体育健美操对分模式和步骤

普林斯顿大学心理学博士、复旦大学心理系学科带头人张学新教授（博导）经过多年教学实践和理论思考，提出了“对分课堂”教学的新模式。其核心理念是分配一半课堂时间给教师进行讲授，另一半课堂时间给学生以讨论的形式进行交互式学习，突出课堂讨论过程。其关键创新在于把讲授与讨论的时间错开，让学生在中间有一周的时间自主安排学习，进行个性化的内化吸收。这样给予了学生课后主动学习的理由与动力，同时避免了课堂讲授后立刻提问、讨论，学生尚未完全吸收，无问题可提问、无问题可讨论的尴尬局面。对分课堂把教学刻画为时间上清晰、分离的三个过程，分别为讲授、内化吸收和讨论，类似传统课堂，对分课堂强调先教后学，教师讲授定框架、明方向，有助于学生内化吸收。类似讨论式课堂，对分课堂强调生生互动，一半课堂用于学生自主讨论学习。在考核方法上，对分课堂强调过程性评价，并关注不同层次的学习需求，让学生能够根据个人学习目标确定对课程的投入。

“对分课堂”的教学改革提供出了一个新的思路，经过一段时间深入的思考，笔者在大学体育健美操选修课运用“对分课堂”的理念讲授了一个学期，第一节进行课程讲授，后面课程都采用“三七分”模式，效果良好。其核心理念是把课堂时间三七切分，2/3 的时间给教师讲授，1/3 的时间给学生讨论，讲授和讨论在时间上错开，学生中间有一定时间进行自主学习、个性化的内化吸收。“三七分”模式中 90 分钟课堂时间分配如下：学生随机分组讨论 10 分钟，组间分享“亮闪闪”“考考你”“帮帮我”15 分钟，教师总结 5 分钟，总之以上环节教师控制在 30 分钟内必须讨论完；剩下的 60 分钟包括：复习 5 分钟，新课教学 40 分钟，10 分钟学生体会，5 分钟放松总结。

不管您教什么体育项目，首先要把当前体育现状、课程宗旨、教学内容、教学目标、授课形式等宏观和微观串成线，思路明确、结构清晰和条理分明，言简意赅地介绍给学生，同时也要了解学生选这门课程希望得到什么、解决什么具体问题，学生在您的课堂上最需要得到什么，解决自身什么问题在自我介绍说出来，补充的问题可以体现在每节课的课后作业上，然后分类总结、疏导。课堂中可能会出现“万马齐喑”的局面，教师不必灰心自责，找准原因，对症下药，多与学生交朋友，用情感和学生进行交流，消除学生对教师的距离感、隔阂感和恐惧感。最终目标要鼓励学生在课堂上敢于发表自己的观点，同时学会倾听别人的观点。

第一次课模式是教师先讲解 30 分钟，之后要求学生简练自我介绍 30～40 分钟，分小组上讲台，每个人不超过一分钟，但必须分三个方面，即家乡（这点很重要，学生见到老乡很兴奋，提升他们的归属感）、对以前体育课的感受、选这门课程想学到什么或为什么选。教师最后留 10～20 分钟针对学生的自我介绍进行总结，安排上课队形，布置作业。课后要求学生自主消化，吸收完成作业，第一节课的讲授很关键，90 分钟的讲解应从宏观和微观进行协调，让学生了解你的课程计划、学习任务、学习内容、考核要求、评分标准及采用的教学模式，目的是让学生对这门课程有一个清楚的完整认识。注意把“对分课堂”不要神秘化，不必长篇大论，简单讲解具体操作步骤和传统课堂相比的优势就可以了，主要让学生明白教师采用“对分课堂”教学模式的目的是想加强学生自主学习能力，培养“会思考、会表达、会解决及时问题”的新一代大学生。

学生刚开始不太理解和接受新的教学模式，从小学到高中再到大学第一次听体育教师布置书面作业，也觉得好奇和不理解。所以首次课后作业也是需要精心安排的，第一节课后作业：①每一排相互记住姓名，下节课破冰“串名字”游戏会用；②希望从这门课程中得到什么或者这学期的锻炼计划（这里范围很广，不限制，只要与体育相关都行）；③准备运动服装、体育专门作业本，记录本节课课后思考的“亮闪闪”“考考你”“帮帮我”和“心得笔记”。重点是一定要给学生解释清楚如何操作“亮闪闪”“考考你”“帮帮我”和“心得笔记”，否则学生不会做，不利于下节课的衔接。“亮闪闪”也就是每次课堂中自己感受最深、受益最大、最欣赏的内容等，要求至少写 1 条。“考考你”列出自己弄懂了但是觉得别人可能存在困惑的地方，用来挑战别人，要求至少写 1 个，越多越好；“帮帮我”列出自己不懂的问题，讨论时求助别人，要求至少写 1 个，越多越好。鼓励学生在理解的基础上进一步写出独特的分析、思考和个人体会，也可以是在学习、理解相关内容过程中的助记和概要，但一定要经过课后思考或者实践，总结出心得体会，才叫“心得笔记”，笔记的形式可以多样化，不拘一格，比如用体育绘图形式记录学习内容。每节课后必须完成“亮闪闪”“考考你”“帮帮我”，鼓励完成“心得体会”，告诉学生不要把书面作业当成负担，半小时内完成即可。个人作业的目的是督促学生进行课后复习，保证理解基本内容，为小组内深入、有意义的交流讨论作铺垫和准备，小组讨论结果课堂中完成，以课堂笔记形式记录，由小组长发言，凝练的是小组的智慧，为小组间的交流作铺垫和准备。教师要记得提醒学生每节课的作业上注明上课日期、第几次课程（这个很关键，便于教师查阅作业），也要说明为什么要有书面作业，目的是积累体育知识，提升学习的成就感，不至于学完就忘。

笔者所在学校大一的大学体育设置时间是一个学年，目的是让学生把这门课程学会、学精。第一学期第一节课后任务之一是让学生相互认识，目的是培养学生相互沟通的能力，有利于第二节课讨论前 5 分钟的破冰“串名字”游戏。总之，30 分钟讨论时间结束，留 60 分钟放在第二部分来讲授新课。第三节课以后 60 分钟包括 10 分钟复习上节课技术动作、40 分钟学习新技术、5 分钟身体素质、5 分钟放松和总结。

第二节　大学体育健美操对分课堂教学模式的设计与实践

一、大学体育健美操课程目标

（一）整体目标

1）以培养学生“会思考、会表达和会解决及时问题能力”为出发点，从思想上给学生渗透正确的健康观，加强体育保健的意识，灌输体育锻炼损伤的预防策略和科学、有效的体育锻炼方法等，延长锻炼寿命，提高健康水平。

2）培养学生自信心和学习健美操的兴趣，提高学生正确的身体姿态、身体协调能力和柔韧素质，加强乐感节奏的训练，促进学生身心全面发展。培养学生自觉认真、刻苦努力地参予锻炼的习惯，增强学生体质，培养学生良好的道德、意志品质，为学生终身体育、毕生事业奠定良好的基础。

3）指导学生掌握健美操练习方法、原则及基本理论知识，指导学生从理论与实践结合创造性地学习健美操，了解健美操创编的方法与步骤，发扬体育团结互助精神，把体育项目的精神得以传承，同时挖掘出学生的个性特征，掌握健美操锻炼的自我设计与效果的评定。

4）培养学生时刻保持积极向上和蓬勃进取的精神状态，要求体现大学生青春活力的健康面貌，同时加强美学教育，树立正确的审美观、人生观和价值观。培养学生团结互助、热爱集体、吃苦耐劳和积极进取的精神，加强学生的组织纪律性，使学生具有文明礼貌的体育道德风尚。

（二）基本目标

基本目标是根据大多数学生的基本要求而确定的，主要分为五个领域目标。

1）运动参与目标：积极参与各种体育活动并基本形成自觉锻炼的习惯，基本形成终身体育的意识，能够编制可行的个人运动处方和实施锻炼计划，具有一定的体育文化欣赏能力。

2）运动技能目标：熟练掌握健美操锻炼一级和二级，健康活力操黄金级；提高学生的协调能力和动作自学能力，提高学生健美操动作的创编能力。

3）身体健康目标：所有学生适应持续健美操运动 30 分钟左右，提高学生的心肺功能，培养学生的乐感和协调性，提升学生身体素质及科学合理的饮食和规律的生活方式，从而促进学生具有健康的体魄。

4）心理健康目标：自觉通过体育活动改善心理状态、克服心理障碍，养成积极、乐观的生活态度；运用适宜的方法调节自己的情绪；在体育运动中能体验出运动的乐趣和运动带来的成就感。

5）社会适应目标：表现出良好的体育道德和合作精神；正确处理竞争与合作的关系，培养良好的人际关系。

二、教学设计思路

（一）指导思想

该课程以“健康第一，快乐体育”为指导思想，依据现代教育理念，结合健美操特点，从基本技术、心理训练、科学锻炼原理、合理安排运动负荷等方面进行理论和技术的教学，从培养学生学习的兴趣出发，拓展课堂相关内容，目的是培养学生“会思考、会表达、会解决及时问题”的能力。让学生掌握健美操技能和编排方法的同时，了解前沿健身动态，找到适合自身的科学锻炼方法。课堂中要积极完善以“动”为主的课程目标体系的同时，着重培养学生的语言表达能力、综合组织能力和自我展示能力。在教学过程中，采用音乐、口令、示范等教学方法，培养学生学会思考，学会自主学习，充分挖掘学生潜能，培养学生创新能力，让学生真正体验到学习健美操的乐趣。教学中有意识地加强培养学生的团结协作精神，给学生展示自己才能的空间，营造宽松、和谐的学习氛围，创造美好的学习情境来达到学生身心健康的和谐发展。

（二）教材分析

1. 第 1 学期

理论教材是由章晓霜主编的《新编大学体育与健康教程》，由北京师范大学出版社出版，分为上、下册，基础理论前三章包括健康概述、运动损伤预防和体质健康测试；后面章节包括三大球、小球类、健身健美、排舞、健美操、瑜伽、太极拳、武术散打、形体训练、跆拳道运动、艺术体操、毽球运动、传统体育养生、游泳等28个公共选修项目。对分课堂的讨论部分以《新编大学体育与健康教程》教材为核心，从学生最需要掌握理论知识入手，引导学生通过理论再实践，用APP软件记录运动历史成就，讨论出一套适合自己的科学锻炼方法，重点培养学生自主学习的能力。技术学习以大众锻炼标准第3套的1级和2级规定套路为主准，教学属于初级内容，准备活动内容安排多样，如形体舞蹈、华尔兹、印度舞等提高学生积极性。课堂中层层诱导学生课后多思考，主动找出自己学习的方法，让学生以理论指导实践，体会正确动作的肌肉感觉，提高身体的协调性，注重科学的锻炼方法，培养学生课后积极参与体育活动，强调把体育锻炼当成一种生活方式，养成规律的生活习惯，为塑造学生健康的美打下良好的基础。同时，培养学生的参与意识和合作能力，以及对健美操的认识。在课堂教学中，主动发挥学生小组长的作用，组长带领小组一起进行表演，体会舞台的感觉，提升学生的表现力和自信心。

2. 第2学期

以健美操专项理论为主，讨论健美操科学的锻炼方法和创编知识，主要培养学生的创新和组织能力、赏析健美操视频的能力等，培养学生的审美素养，提升学生的审美情趣。技术学习健康活力操黄金级，内容较多，动作难度偏大，属于中级水平，同时培养了学生的耐力素质。考试并要求学生自编套路一套，在培养创编能力、记写能力、应用能力的基础上，将动作编排原理、动作特点介绍给学生，然后让学生任意创编体现自己个性特点的动作风格，培养学生的自创能力，充分发挥学生的潜能。讨论部分有了第一学期的铺垫，这学期学生课后思考的问题明显比上学期深入，课堂中也善于表现，讨论越来越精彩。在课堂中以“快乐体育”为主导，增加以学生为主体营造热烈、快乐的学习氛围，每节课轮流 2 名学生组织集合队伍和课堂小结，一方面锻炼学生的组织能力和语言表达，另一方面调动课堂气氛，让学生相互分享快乐，这样有利于发展学生的自我表现意识和群体意识，从而培养健康的积极奋发心境，起到调节课堂气氛、达到健康身心的心境的作用。

（三）学情分析

每接手一个新班，笔者就会问学生，“体育课程从幼儿园算起到高中毕业国家要求就必须设置，比任何一门课程学的时间都长，至少学了 12 年的体育，每周有规律从事体育锻炼 3 次以上的有多少？”一个班 40 学生最多两三个学生举手，有的班里就没有。可见，学生根本没有学会体育，没有学懂体育，没有把体育当成一种生活方式，那我们整天高喊的“培养学生终身体育锻炼的习惯”是不是都是空话？从第一节课堂自我介绍并让学生谈谈对健美操的认识可以得出，90%的学生以前从未接触过健美操，学生开始觉得学习健美操很有压力，所以整个教学过程中一直激发学生的学习兴趣，培养学生自信心和课后自主锻炼的习惯。从学生讨论环节和批改作业中就更了解学生状况，从目前课堂可以看到学生善于学习，好胜心强，渴望成功，有一定的进取心，在讨论环节积极、主动，讨论问题越来越精准、越来越有针对性，身体的协调性和音律的节奏感等有了明显提高。学生在学习中喜欢娱乐性的教学模式，运动量较大的运动项目，并能够认真、主动地学习，渴望获取更多的健美操技能和科学体育锻炼知识。

（四）内化吸收策略

课后主动内化吸收以学生活动为主，可培养学生学习的独立性。学生查阅参考书，可养成他们查找、搜集文献资料的能力，学会如何获得知识远比教给学生知识重要，而且能使学生从被动地回答问题发展为主动地提出问题。发现问题、提出问题在人的思维发展中至关关键。而独立提出问题的能力能通过这种课型慢慢培养出来。在解决问题过程中，学生因具有强烈的问题意识，思维活动会大大加快，经过思考、提炼，依逻辑关系排列、组合，松散的知识通过学生加工成为系统并建构成自己的思维方式。这种能力不仅在学校教育阶段需要，从长远来看，对人的一生发展作用甚大。此外，学生在非被动情况下更易于记忆学习内容。如果学生每堂课都能在理解中学习，也不再将学习当成负担，反过来又能为学生的能力培养提供源泉。

（五）讨论策略

1. 讨论目标

体育课程讨论法教学目标突出参与性、启发性、批判性、民主性、开放性、创新性、教育性。首先，逐渐改变过去单一的接受式学习，推进学生自主探究学习体育理论知识，让学生了解自己，从自身需要出发，循序渐进、扬短避长、均衡各项身体素质，遵循身体全面发展原则，开设适合自己的运动处方，从而进行科学、有效的体育锻炼。其次，讨论过程是通过学生间的相互交流学习，拓宽学生知识面，使学生从被动地接受教师传授的知识，变为通过课后阅读、思考、解决问题主动地内吸收知识点，在下次课拿来相互分享、相互学习、相互获取更多的知识点，目标是调动学生学习的积极性和主动性，在讨论中净化思想，锻炼能力，陶冶情操。其目的是培养学生“会思考、会表达、会解决及时问题的能力”。

2. 讨论过程

讨论的程序分成四个部分：①分组方案。每班 40 名学生，把教室场地固定，按“U”划分成 10 个组，并进行编号，采用随机分组方式，每组 4 个学生，告诉其组号找到自己位置，两两面对而坐讨论。集合队伍固定每行 8 人，共 5 列，第 1 次课程按每列分 2 组，第 2 次课程按纵列分，第 3、4、5、6、7 次课程分别按斜排列分，也可以调换行列，比如，第三排调到第一排等，第 8、9、10 次……从中间“回”型扩散，每次排面调换，总之开动你的机智，每次讨论时的 4 人尽量不同，但分组要非常迅速。中间根据主题情况加大交流范围可采取大组讨论，8 人一组，相邻两组合并成大组进行讨论。②讨论过程和批改作业方案。要求每个组自选小组长主持讨论，确立好一个小团队的核心人物，原则是没作过小组长的优先，小组长组织讨论形式。讨论时间由第一小组长掌握，时间交给她们（这个时间老师查阅作业）。第一组讨论好后可主动组织下一环节，这样不会拖延和浪费时间。讨论过程必须建立在上节后的独立思考内化吸收（Assimilation）成果上，具体体现学生完成课外作业上。讨论过程包括“亮闪闪”“帮帮我”和“考考你”三个方面，有时间可以选做“个人体会”，把针对课堂上所讲的内容，最吸引自己的地方再回顾一遍，列出自己不懂的问题，讨论时求助别人，问题至少写 1 个，更多不限，如果自己弄懂了问题，但是觉得别人可能存在困惑，向组员提问，问题至少写 1 个，更多不限。个人体会能体现体育锻炼的成就感，看到自己的进步历程。有了这些课后的凝练思考，同学们进行交流讨论就有了话题，讨论也就越来越激烈。查阅学生作业原则要“快”“精”“准”，大致看学生作业的条框，主要看态度，速度很快，用红笔给分数并签名，为了节省时间可以只签姓，5 分满分，一般“亮闪闪”“考考你”“帮帮我”和“个人体会”写得认真的得 4.5～5.0 分，没有个人体会的得 3.0～4.5 分，应付差事的都在 3.0 分以下。偶尔加以批语——好的表扬，不好的鼓励指导，发现作业里出现普通问题时，课堂中有时间就讨论解决，没有时间可以提出问题供学生课后交流。③小组长陈述阶段方案。每次按场地随机点出 5 组分享，要求小组长首先自我介绍和小组成员，尽量脱稿分享；其他各小组人员停止讨论，安静聆听，可以笔记，同时思考“帮帮他”的问题。④全班交流和教师总结方案。引导学生思考，及时表达自己内心的观点，如果有冷场现象，那没有发言的 5 组学生就按顺序解答前 5 组学生的问题，也可展示本组讨论结果和自我总结等。教师总结从三方面进行：此次课讨论过程、对结果给予肯定、针对讨论的问题进行完善和补充并为下次更精彩的交流提出明确方向。教师在学生讨论前进行策化、组织、启发、引导学生讨论，以及讨论后的归纳总结非常关键。因为学生充分发表自己的意见后，到底谁是谁非、正确的观点是怎样的，他们自己难以定论。所以，教师在学生讨论分享时一定要认真聆听，对学生正确的观点和良好的表现给以肯定，对不正确的观点既要肯定其发言的积极性，对他们的模糊认识和不能定论的问题一定要亮出自己的观点，并加以论证，又要指出其存在的问题，提出改进意见。从而给学生们一种清醒的认识，课堂讨论的真正过程，既是学生们能动接受教育影响的过程，又是学生在教师的启发、引导下进行自我教育、认识和改造自己思想的过程，以期实现学生思想认识的飞跃和理论水平的提高。

讨论阶段（30 分钟）具体方案举例如下：集合队伍，教学引导 5 分钟，分小组讨论的时间一般为 5～7 分钟，单数组小组分享发言的时间为 5～7 分钟，双数组解答问题或学生自由发言的时间为 5～8 分钟，教师补充归纳总结的时间为 3 分钟。第一节课后任务之一让学生相互说出对方姓名，目的是培养学生相互沟通的能力，有利于第二节课讨论之前 5 分钟的破冰“串名字”游戏等。破冰“串名字”游戏的方法是 40 人分 8 人围成一圈，一共 5 圈，任意提名一位学员自我介绍班级+姓名，第二名学员轮流介绍，但是要说：“我是×××后面的×××。”第三名学员说：“我是×××后面的×××的后面的×××。”依次下去……最后介绍的一名学员要将前面所有学员的班级+名字复述一遍。这样既活跃气氛，打破僵局，加速学生之间的相互了解，对上节课起到了承上启下的作用，同时培养了学生主动沟通的能力。讨论时围一个大圈，需要 5～8 分钟的时间，讨论上节课课堂内容学生课后思考的“亮闪闪”“考考你”“帮帮我”和这学期锻炼计划，8 人分成以 4 人一组为单位，共 8 组。每组一个组长代表发言，每人一分钟，分享小组讨论结果后，学生相互解答、教师总结和解答疑惑（这个环节大约需要 7 分钟），讨论的目的是回顾重要概念，表述个人理解，互相切磋，互相挑战，互相启发，深入理解，共同克服难点，分享体验，开阔视野，展示个性，锻炼合作。

3. 教学方法

教师应该是“首席”，与学生共同奏出优美的旋律；教师应该是“配角”，把学生衬托得光彩照人；教师应该是“热线”，让学生永远感觉到鲜活与新颖；教师应该是“110”，在学生最需要关爱和帮助的时候，及时守候在学生身边；教师应该是“导游”，引导学生探幽发微，欣赏险峰的无限风光；教师应该是“场上队长”，身先士卒，与队友共同拼搏，在比赛结束后，把战友——我们的学生，高高地抛向空中。教师是学习者，教师指导学生学习，同时也要真诚地向学生学习，包括学习学生的良好品德和知识能力，教学相长，共同进步。教师应热情鼓舞，引发兴趣，支持学生的思考和反省，倾听和参与讨论，促进圆融的沟通，帮助学生回顾走过的学习历程。有效的教学方法包括“情感激励式教学法”“问题式教学法”“串连式教学法”“逻辑思维法”等，课堂中运用幽默、生动的语言使学生易于理解难点、重点内容，讲解得易懂，课堂气氛活跃（下课后经常有学生主动跟我交流和谈心，这也是学生对老师的信任）。

（六）讲授策略

1. 讲授方案设计目标

1）通过介绍和教授社会最流行的健美操的动作课程及教学技巧，学生对本专业最新发展动态有了一定的了解和深入，引导学生自主性学习新知识，发现新问题，提高学生学习的积极性，拓展视野，一专多能。

2）新学动作的思路要清晰，强调学生独立自主，反复练习，对于反方向动作要求学生课后自学，让学生转变角色，从被动变为主动，让学生课后自主实践锻炼，使学生更快地掌握新动作，提高学习效率。

3）尝试改变现有的练习环境，模拟比赛的现场气氛进行表演，提高学生适应各种环境的能力，增强学生的自信心，培养学生的创新意识，锻炼学生临场发挥的能力。

4）通过对不同音乐类型的理解，创造不同风格的特色动作，改变音乐在教学过程中的辅助作用，培养学生对音乐的领悟能力，提高学生的艺术修养。

2. 讲授过程方案

健美操课程根据岭南师范学院学生的实际情况设定，体现“以人为本，健康教育”的理念，注重培养学生体育锻炼的参与意识，以“健康第一、快乐体育”为宗旨，充分发挥学生学习的主动性，挖掘学生体育技能的潜力，激发学生学习兴趣，课堂中因材施教，分层次教学，思路清晰，精心设计每一阶段的目标，认真对待每一节课，着重调节课堂气氛，以“学中乐，乐中学”为特色，争取达到健身、健美和健心的目的。传统课堂教学 8 个八拍，对分模式教学只需 4 个八拍，对于反方向动作要求学生课后自主学习。具体内容表现在以下方面：

（1）第一学期教学内容

第一学期以基本动作的规范性和音乐节奏为难点，主要进行基础训练，学习运动技能，重点提高学生的认识，从基本技术、科学锻炼原理、合理安排运动负荷等方面进行理论和技术的教学，让学生适应健美操课程中连续不断的走、跑、跳有氧运动，在课堂教学中让学生掌握大众锻炼标准第 3 套的 1 级和 2 级规定套路，属于初级内容，培养学生正确的走、跑、跳姿态，提高学生身体协调性，表现健美操“美”的特征，提高学生的审美能力。每一学年课程的第一节课通过学生自我介绍环节了解学生对健美操的认识和基本现状，同时学生之间相互认识（发现很多学生认老乡最开心），从第三节课要求学生自由分成组，加强培养优秀骨干，以便以后分组练习时互帮互助。

（2）第二学期教学内容

第二学期安排健康活力操黄金级学习为主要内容，动作组合较多，动作难度偏大，属于中级水平，并将动作编排原理、动作特点向学生介绍，然后让学生任意创编体现自己个性特点的动作、内容。在培养创编能力、记写能力、应用能力的基础上，进行各种能力的培养，为学生创编健美操进行铺垫，引导学生对突出自身个性特点的自编操作准备。因为学生有了一定协调基础，从培养学习的兴趣出发，在学生掌握基本内容的基础上，增加啦啦操、瑜伽健美操、华尔兹和印度舞等风格，以排舞形式出现在准备活动内容中，扩充学生对有氧健身课程体系视野，激发学生学习兴趣，满足公共体育学生对有氧健身课程的好奇和需求。此外，课堂中贯穿“快乐体育”，以学生为主导，每节课安排两个学生轮流当值日生，值日生的职责是担当上课前整理队伍和课后总结、整理场地等工作。

3. 讲授方法设计

（1）诱导——模仿法

遵循认知规律和健美操动作技能形成规律，循序渐进，解决体操动作复杂多变的学习难关。具体采用：①诱导性动作；②诱导过程的发展；③诱导信心、诱导成功的满足感等。诱导学生以模仿起步，在模仿过程中对知识获得实质性的掌握。

（2）助力——完整体验法

针对体操教学训练特点，采用：①助力诱导；②助力完整；③组合的环节助力；④以“助力”动作技术的掌握促进身体机能的发展，学生在良性外力作用下，以完整的体验逐步提高身体的机能与技能。

（3）结构拓展——技能迁移法

健美操动作内部结构的改变，也必然是动作性质的改变，以及动作技术标准的规定和动作组合层级、难度的差异。采用技能迁移法的作用：①形成不同结构动作环节，促进不同结构的动力定型；②同一结构的迁移获得“触类旁通”的教学效果；③以不同结构的拓展学习，获得“举一反三”的教学效果。

（4）组合成套——自我展示法

健美操动作的组合可以形成多种结构的成套，学生通过不同结构成套动作的拓展学习，可以展示技术特征和姿态意识，表现出不同的个人风格，在不同的自我展示中形成不同的个性发展。

4. 讲授时间安排

教学阶段（60 分钟）：学习大众锻炼 1 级和 2 级、健康活力操黄金级的 1 个组合 8 个八拍，没有重复内容。每次课学习 4 个八拍：根据健美操有氧运动的特点，在准备活动中连续运动 30 分钟，开始准备包括伸展运动、当堂所学内容的基本步法组合和复习，跟着音乐连续不间断地运动，从而保证足够的锻炼负荷。接下来慢动作教学：正确规范每个动作和提出学生容易出现的错误，不跟音乐教学 4 个八拍（共 12 分钟）；学生自由练习，巩固练习（共 5 分钟）；优秀骨干带领大家跟着音乐连续练习，小组表演，教师纠正学生易犯错误（共 5 分钟）；素质练习（共 5 分钟），值日生教师课堂小结（共 3 分钟）。反方向 4 个八拍动作要求学生课后自主练习。

（七）考核和评价

3∶3∶4 比例划分原则即第一学期平时分为出勤成绩和作业成绩的平均分占总成绩的 30%：旷一次课扣 10 分，请一次假扣 5 分，补一次课加 10 分，迟到早退扣 2 分；缺一次作业扣 3 分。体质健康测试 5 项（50 米、女生 800 米/男生 1000 米、坐位体前屈、女生仰卧起坐/男生引体向上、立定跳远）平均分占总成绩的30%；考核大众锻炼标准3套一级和二级平均分占总成绩的40%。第二学期平时分为出勤成绩、理论成绩和作业成绩的平均分占总成绩的30%：旷一次课扣10分，请一次假扣5分，补一次课加10分，迟到早退扣2分；理论为网上考核客观题分数；缺一次作业扣3分。体能测试2项（女生800米/男生1000米和女生仰卧起坐/男生引体向上），平均分占总成绩的30%；考核健康活力操黄金级和自编操平均分占总成绩的40%。最终的目的是通过自编操考核，培养学生创编能力和创新思维能力，适应学生个性发展，陶冶学生情感、情操，增强学生审美情趣和创造能力，形成合作意识和团队精神，增进身心健康，每次技术考核完毕针对每个学生评价其优点、缺点和改进的方向，学生谈论学期末感受（这个环节很欣慰，笔者每次很享受并体会到成就感）。鼓励学生通过全校健美操比赛、汇演及各种文艺表演，及时检验学生对健美操知识的掌握程度及实际应用能力，笔者从中认识到学生的潜力是无穷的。

（八）安全措施

1）加强运动前的安全教育，注意场地的不平整，防止学生身体损伤。

2）在练习过程中，不断提醒学生注意安全，身体不适或体力不支随时可以停止练习，增强健康保护意识。

3）及时制止及纠止不安全的动作和隐患。

第三节　大学体育健美操对分课堂教学作业分析

笔者打算出一本关于体育课堂采用对分模式教学的书籍，征集学生作业，因为没有任何加分等奖励因素，开始担心没有学生发过来，结果发现担心都是多余的，学生的作业挤满了邮箱，甚至有些学生都没有注明姓名班级，由于时间紧迫，笔者就顺手节选一些学生的作业进行展示，因为作业都是学生原稿，可能出现不足或者不正确，不予修改，仅供参考。

一、2015 级历史专业 1 班的黄同学作业分析

（一）2015 年 10 月 13 号

今天真正意义上的健美操课开始。前一堂课老师只是简单地讲述了一些入门技巧及课堂程序，并没有真正地练习跳。纸上谈兵不难，难的是实战。今天的课程里，我们学习了第三套一级健美操的第一个组合（四个拍子）。对于初学者来说，再简单的动作都会困难。第一节课上得真心痛苦，外部风平浪静，实际上早暗潮涌动：怎么手脚这么僵硬，动作好不协调；接下来动作是啥，怎么就是记不住！糟了！老师看向我这边……由于第一次跳，动作陌生，都不敢放开手脚来跳，像我这样内敛的学生的这种心理就更重了。

老师耐心地教着，鼓励我们，叮嘱大家课后多跟着音乐练习。勤能补拙正是老师想表达的意思，我们也都懂，就看能否付诸实践了。

亮闪闪：新奇的分队方式，对分课堂的开展。在老师的引导下，同学们各抒己见。渐渐地发觉，这不单单只是一节学几个动作，塑造形态的健美操课，个人素质的全面提升也蕴含其中。

（二）2015 年 11 月 10 号

不觉中，我们已经学完了第三套一级的健美操。今天将开始进入另一套操的学习。总体上越来越有进步，越跳越好。第一套操相对简单，那么第二套就得稍显难度，这样才能越跳越来劲儿。对于强者，攀爬完第一座高峰，是结束更是始端，他会想着去尝试登上更高更险的峰顶，以前面所登过的峰为经验。这样的感觉又是新鲜、有趣的，同样的问题可能又会再次出现，但却是更高层次的问题了。感谢之前自己所做的选择，流汗的感觉是幸福的。

（三）亮闪闪

记录一次自己运动的情况：

运动方式	时间（分钟）	速度（千米/时）	消耗能量（卡路里）
跑步	10 分钟	5.8	69.9
快走	3 分钟	5.0	21.0
跑步	15 分钟	7.0	106.0
快走	5 分钟	4.8	28.0
跑步	4 分钟	7.2	33.0

（四）考考你

问：大家认为的健康包括哪些方面的内容？

答：健康不仅仅是没有疾病或虚弱，而是身体、心理和社会适应的完好状态。健康的含义包括身体健康、心理健康、社会适应良好。而身体健康是指人体结构完整，体格健壮，各组织、器官功能正常，没有不适感。心理健康是指智力正常，内心世界丰富、充实、和谐、安宁，情绪稳定，有自信心，能够恰当地评价自己，思维与行为协调统一，有充分的安全感等。社会适应良好是指能与自然环境、社会环境保持良好接触，并对周围环境有良好的适应能力，有一定的人际交往能力，能有效应对日常生活、工作中的压力，正常地进行工作、学习和生活。

问：什么是健康的生活方式？

答：请见图 3-1。

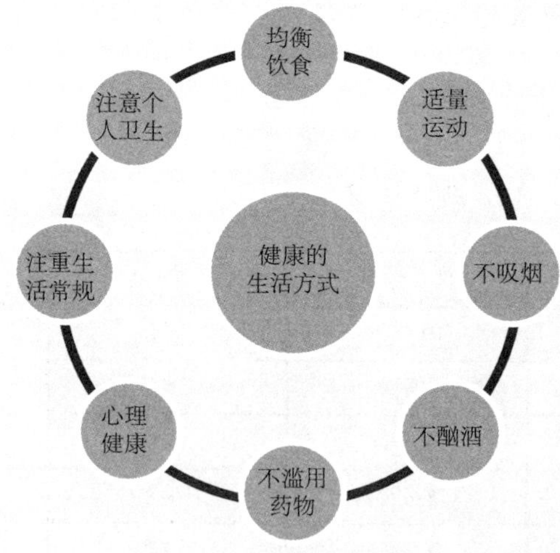

图 3-1　健康的生活方式

问：如何矫正O型腿？

答：1）直立，两脚并拢，两手扶膝做两膝向正前方的下蹲、起立运动，做20～30次。

2）弯腰，两手扶膝做向左和向右的绕环运动，做20～30次。

3）两脚开立稍大，弯腰，两手扶膝做两膝向内相靠静止练习，每次停留10秒钟，做5～10次。

4）两脚平行站立。先以脚跟为轴，做脚尖外展和内旋的运动；再以脚尖为轴，做脚跟外展和内旋运动，各做20～30次。

5）坐在椅子上，尽力用小腿夹住书，坚持一定时间。如果用橡皮带将两膝捆住，效果更加显著。

6）跪坐在腿上，塌腰挺胸，两脚慢慢向外、向前移动，腰部随之也逐渐直起来，做15～20次。

分　析

笔者对黄同学印象不深刻，但从她的作业可以看出经过对分课堂模式教学，首先她课后主动参与锻炼了，并给自己设立运动处方，记录运动情况，也了解到正确的身体姿态等，从她语言间流露出对对分课堂的认可，不仅上课运动技能有收获，体育理论知识也提升了，认识到健康的生活方式，了解了健康包括身体健康、心理健康、社会适应良好的具体表现。她提到对于强者，攀爬完第一座高峰，是结束更是始端，会想着去尝试登上更高、更险的峰顶，以前面所登过的峰为经验，感谢之前自己所做的选择，流汗的感觉是幸福的。说明她对健美操从零基础到最后喜欢并享受，相信她在今后的生活学习中会逐渐全方位提升个人能力。

二、2015级社会工作专业2班的马同学作业分析

（一）第一节课（2015年10月15日）

1. 问题

（1）如何做好仰卧起坐

答：腹肌分3大块（上、中、下），腹、背肌都要练（腹肌仰卧起坐；背肌是趴着，头与脚向上提），呼吸调整（伸展的时候吸气，收缩的时候呼气）。

（2）身高体重的关系如何

答：身高（cm）–105=标准体重

（3）短跑如何练速度

答：交替练习，快→慢→快循环。跑前热身跑后松腿。

（4）如何增加肺活量

答：长跑。呼吸调整（睡前睡后做呼吸训练，呼几秒就做几组）。

（5）如何训练坐位体前屈

答：小腿伸拉，拿网球放脚心伸拉。

（6）如何训练膝盖夹紧

答：用瑜伽带弯曲身体。

2. 课程内容

（1）手形（均为右手）

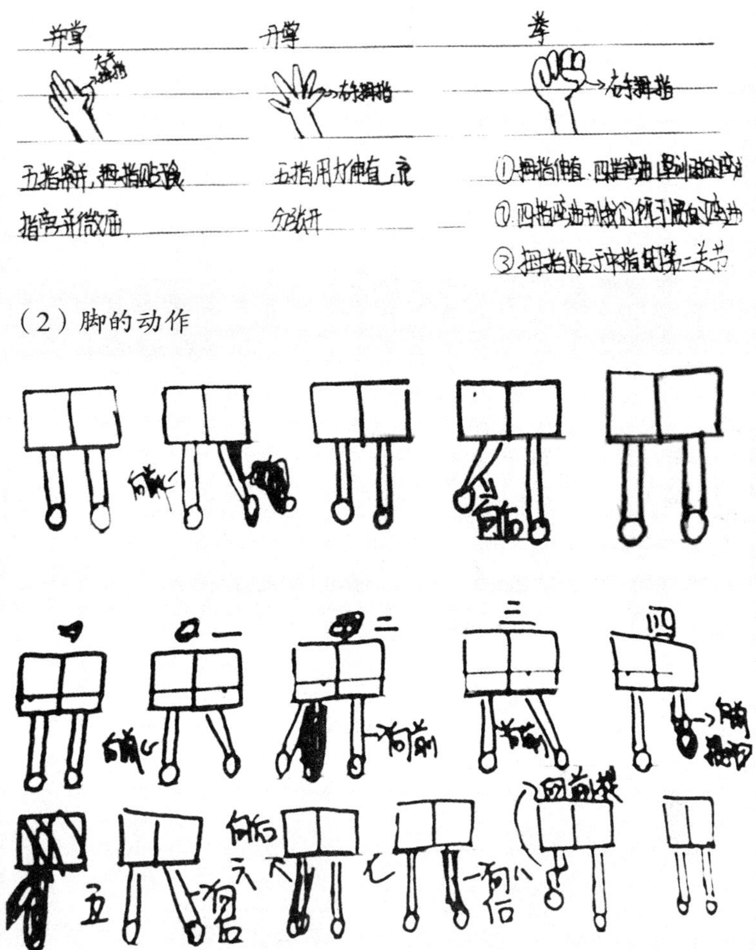

（2）脚的动作

（3）4 个八拍（以右边为例）

第 1 个八拍

一：右脚跨前一步，双手屈伸握拳，拳心向内，双手与胸面垂直；

二：左脚向前一步，双脚微屈，双手动作如一；

三：右脚向后一步，双手握拳放下；

四：左脚后退一步，双手动作如三；

五：动作如一；

六：左脚向前一步，双手举起，拳心向对；

七：右脚向后一步，双手动作如一；

八：左脚向后一步，双手放下。

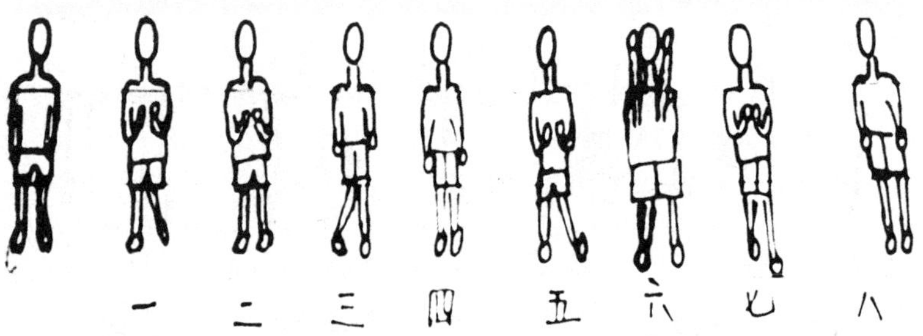

第 2 个八拍

一：右脚跨前一步，双手握拳伸直，拳心向下；

二：左脚迈前一步，双手握拳于腰部；

三：右脚迈前一步，双手动作如一；

四：左脚抬起，双手拍掌；

五：左脚向后一步，双手张开成开掌，双手与身体保持一定距离；

六：右脚向后一步，双手动作如五；

七：左脚向后一步，双手屈伸并拢成并掌，手臂与胸面垂直；

八：右脚抬起，拍掌。

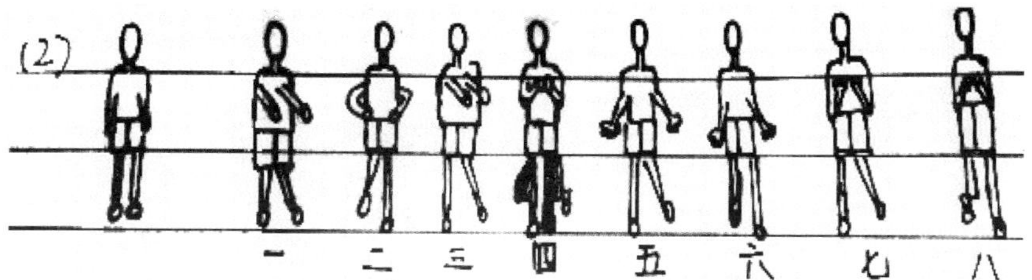

第 3 个八拍

一：右手向上屈伸，拳心向里，右脚右跨一步，左手，脚不动；

二：右手放下，右脚不动，左手不动，左脚向右跨一步；

三：左手向上屈伸，拳心向里，左脚左跨一步，右手，脚不动；

四：左手放下，左脚不动，右手不动，右脚向左跨一步；

五：两手屈臂提拉，拳心向下，右脚向右跨一步，左脚不动；

六：两手放下，左脚向右跨一步；

七：双手脚动作同五；

八：双手脚动作同六。

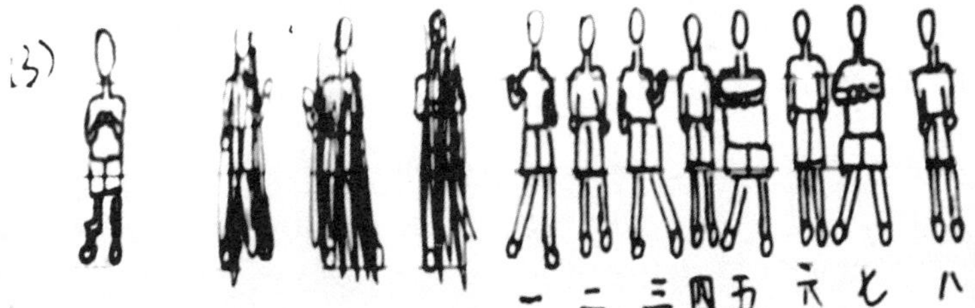

第 4 个八拍

一：双手呈摆臂，右上左下，左脚左跨一步，右脚不变；

二：双手呈摆臂，左上右下，右脚左跨一步，左脚不动；

三：双手呈摆臂，右上左下，右脚不动，左脚向后一步；

四：双手呈摆臂，且平行，无上下，右脚向后一步，左脚不动；

五：双手拍掌，双脚踏步，先左脚；

六：双手放下，双脚踏步，后右脚；

七：双手脚动作如五；

八：双手脚动作同六。

（4）亮闪闪、帮帮我、考考你

1）亮闪闪：第3个八拍，简单易学，so easy；

2）帮帮我：手脚不协调，跟不上音乐，没有节奏感；

3）考考你：无。

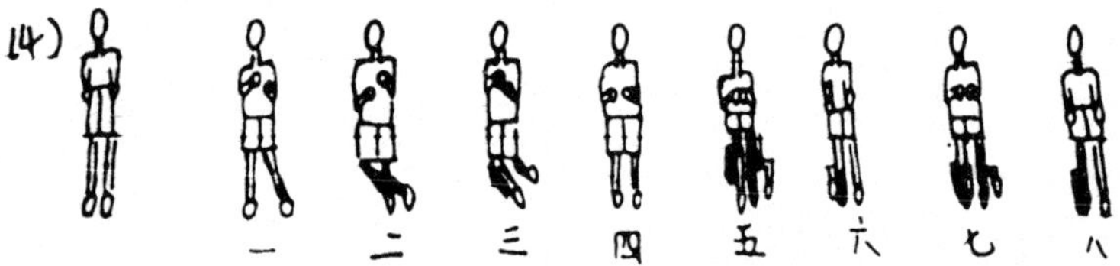

（二）第五节课（2015年11月5日）

1. 第1个八拍

一：右手并掌斜上举起，掌心向内，右脚向前一步；

二：左手并掌斜上举起，掌心向内，左脚向前一步，双脚迈开微屈；

三：双手拍掌，右脚后退一步；

四：双手拍掌，左脚后退一步；

五：右手并掌斜下放下，掌心向内，右脚后退一步；

六：左手并掌斜下放下，掌心向内，左脚后退一步；

七：双手拍掌，右脚前进一步；

八：双手拍掌，左脚前进一步。

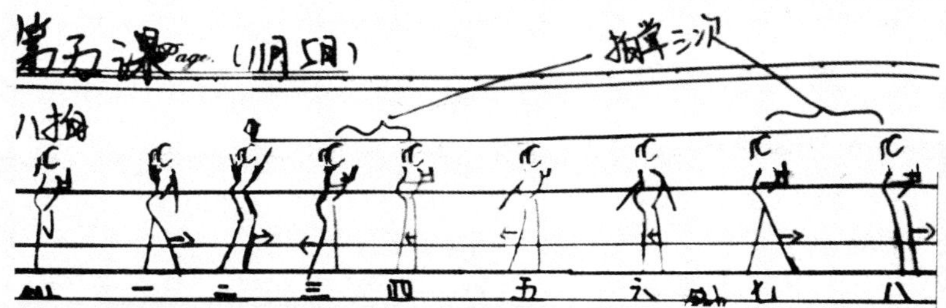

2. 第 2 个八拍

一：双手握拳伸出，拳心向内，右脚踢出；

二：双手放下，右脚回来，左脚提起；

三：双手动作同一，左脚踢出；

四：双手动作同二，左脚回来，右脚提起；

五：左手伸出，右手与左手垂直，右脚踢出；

六：双手握拳交叉平放，与身体垂直，右脚向左拐；

七：双手脚动作同五；

八：右脚放下，双手放下。

3. 第 3 个八拍

一：左脚向前一步，右脚点地，双手摆臂握拳；

二：左脚退一步，右脚点地，双手动作同一；

三：双手脚动作同一；

四：双手脚动作同二；

五：双手脚动作同一；

六：双手脚动作同二；

七：双手脚动作同一；

八：左脚退一步与右脚平行，双手动作同一。

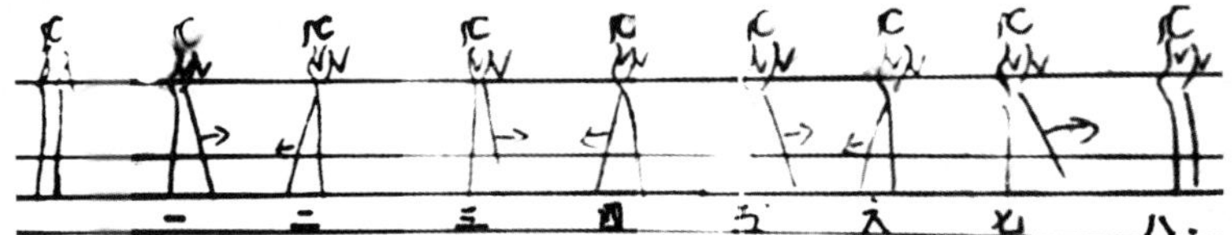

4. 第 4 个八拍

一：左脚左迈一步，右手握拳曲臂，拳心向下；

二：右脚在左脚后后退一步，右手握拳放下，拳与臂弯曲；

三：右脚右迈一步，左手握拳曲臂，拳心向下；

四：左脚在右脚后后退一步，左手握拳放下，拳与臂弯曲；

五：双脚动作同一，右手握拳伸直；

六：双手动作同二，右手握拳放下弯曲；

七：双手动作同三，左手握拳伸直；

八：双脚动作同四，左手握拳放下弯曲。

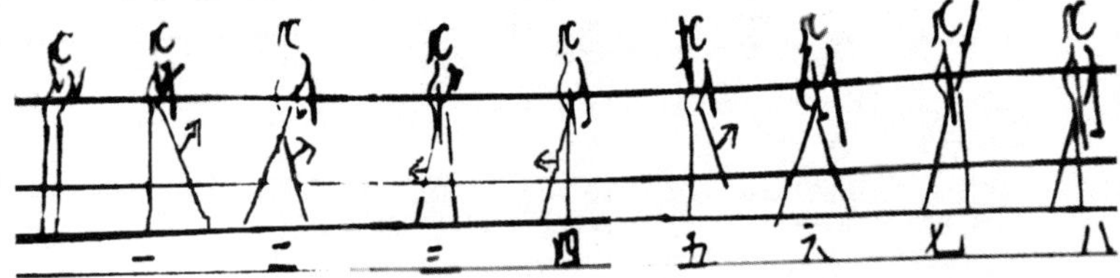

5. 运动处方

康复医师或体疗师，对从事体育锻炼者或患者，根据医学检查资料（包括运动试验和体力测验），按其健康、体力及心血管功能状况，用处方的形式规定运动种类、运动强度、运动时间及运动频率等，提出运动中的注意事项。

因为懒得运动，所以在上课的途中会采取快走的方式。

星期	内容	时间
星期一	快走+小跑	10 分钟
星期二	快走+小跑	3 分钟
星期三	快走	5 分钟
星期四	快走+健美操	5 分钟
星期五	快走	5 分钟
星期六	快走	3 分钟
星期日	快走	2 分钟

（三）第六节课（2015 年 12 月 3 日）

1. 第 1 个八拍

一：右脚右跨一步，双手举起（像举重一样）；

二：左脚并右脚，双手开掌举起；

三：向右转 90 度，右脚右跨一步，双手动作同一；

四：左脚右跨一步，双手放下；

五：左脚左跨一步，双手屈伸；

六：右脚放在左脚后交叉，双手放在腰间；

七：双手脚动作同五；

八：右脚膝盖顶住左脚，双手开掌放下。

2. 第 2 个八拍

一：右脚右跨一步，双手动作如 1. 一；

二：双手脚动作同第 1 个八拍的动作二；

三：双手脚动作同第 1 个八拍的动作三；

四：双手脚动作同第 1 个八拍的动作四；

五：左脚左跨一步成弓字步，右手由下往上划圈，掌与腕垂直；

六：左脚右跨一步，右手原路返回；

七：右脚右跨一步呈弓字步，左手由下往上划圈，掌与腕垂直；

八：右脚左跨一步，左手原路返回。

3. 第 3 个八拍

一：左脚向前一步，双手屈臂举起在头的两侧；

二：右脚向前一步，双手动作如一；

三：左脚向后一步，双手向上伸直放两边，并不断从后面放前；

四：右脚向后一步，双手屈伸；

五：左脚向左跳一步，双手开掌斜上伸；

六：左脚向右跳一步，双手动作不变；

七：左脚向左跳一步，屈膝，双手放在膝上；

八：双手脚动作不变。

4. 第 4 个八拍

一：右脚后退一步，双手握拳至两边；

二：右脚后退一步，双手动作同一；

三：左脚前进一步，双手握拳交叉于胸前；

四：右脚前进一步，双手动作同三；

五：左脚左跨跳一步，双手开掌伸直斜上伸；

六：左脚又跨跳一步，双手动作同三；

七：双手脚动作同五；

八：双手脚动作同六。

5. 运动处方

上个星期四：2 小时 10 分钟的健美操，每天晚上做 5 组仰卧起坐，每组25个，每次间隔1分钟。

上个星期五：30分钟的健美操，每天晚上做5组仰卧起坐，每组25个，每次间隔1分钟。

上个星期六：1小时的健美操，每天晚上做5组仰卧起坐，每组25个，每次间隔1分钟。

上个星期天：30分钟健美操，每天晚上做5组仰卧起坐，每组25个，每次间隔1分钟。

星期一：15分钟健美操，每天晚上做5组仰卧起坐，每组25个，每次间隔1分钟。

星期二：15分钟健美操，每天晚上做5组仰卧起坐，每组25个，每次间隔1分钟。

星期三：15分钟健美操，每天晚上做5组仰卧起坐，每组25个，每次间隔1分钟。

（四）第八节课（2016年3月24日）

亮闪闪：第二个组合；

考考你：短跑如何练速度；

帮帮我：经期是否适合运动，类似仰卧起坐的运动。

1. 第1个八拍

一：右转90度，左脚前跨一步，双手握拳伸出；

二：右脚提起，双手握拳至腰间；

三：右脚后退一步，双手握拳伸出；

四：左转 90 度，左脚并回右脚；

五：右脚前跨一步，双手动作同一；

六：左脚提起，双手动作同二；

七：左脚后退一步，双手动作同一；

八：右脚后退一步，双手动作同二。

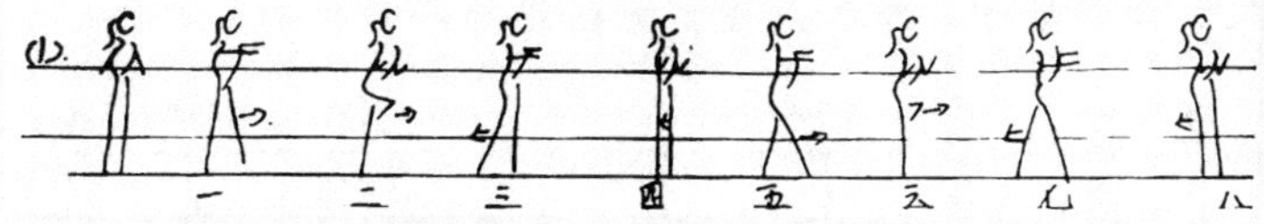

2. 第 2 个八拍

一：右转 90 度，左脚前跨一步，双手并掌举起，背面相对；

二：左转 90 度，左脚并回，双手放下；

三、四：双手夹紧腿，旋转 180 度；

五、六：旋转 180 度，左手放上，右手平行于地面，左脚左跨一步；

七：右脚并回左脚，双手拍掌；

八：双脚不动，双手拍掌。

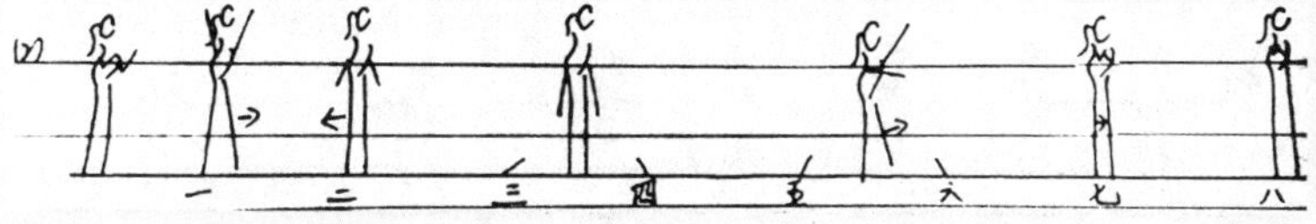

3. 第 3 个八拍

一：左脚左斜上前进一步，左手往左伸出，右手与胸面垂直伸出；

二：右脚并回，双手放下；

三：右脚右斜上前进一步，右手往右伸出，左手与胸面垂直伸出；

四：左脚并回，双手放下；

五：右转 90 度，右手开掌放脑后，左脚前进一步并屈腿；

六：左手开掌放脑后，右脚前进一步并屈腿；

七：左转 90 度，双手开张放回大腿侧，掌心向外，左腿退后一步并伸直；

八：双手并掌，掌心向里，右腿退后一步伸直。

4. 第 4 个八拍

一：左转 45 度，左脚前进一步，双手握拳伸出；

二：右脚提起，双手握拳屈伸平行于胸前；

三：右脚放下，脚掌立起，双手放下打响指；

四：双手脚动作同二；

五、六：右脚放后一步，双手握拳，并平行放下于左脚两边；

七、八：右脚并回左脚，双手放回双腿两侧。

分　析

对学生的书面作业一直强调一周课后必须有思考，但完成需要半个小时就可以了，不要有压力和负担，但笔者看到马同学的作业，就问她花费了多少时间，她说课程相对较少，刚开始不熟悉需要用一个下午的时间，后来一个小时就可以完成。她也是从零基础接触健美操项目的，一开始音乐节拍都跟不上，动作生硬，左右不分。但从她作业能看到她成长的历程，比如绘图，当笔者看到她有兴趣记录学习的技术动作，说实话，第一次画得很丑，也不明确，但笔者鼓励她说已经跨出第一步，如果按比例、单线条绘画会更好，后来她一次比一次做得好，绘图也是一个思考技术动作的过程，虽然描述体育动作术语方面欠缺，但笔者认为比体育教育专业大部分学生的绘图描述还要做得好，体现在她在下次课复习巩固动作最牢靠，她现在是该健美操班的班长了！

三、2015 历史专业 1 班的黄同学部分作业分析

（一）2016 年 3 月 3 日第 1 次课

感想：今天是我由健身健美转到健美操的第一天，发现其实两者有许多相似的动作，一节课下来，我学习了不少新动作，尽管跳得还不标准、不熟练，但我相信只要坚持、努力，一个学期下来会有成效的。我知道没有事情能一蹴而就，既然来到健美操的课堂是自己的选择，就要对自己的决定负责。学习历史知识是我的兴趣，我喜欢安静地思考，但每个人都不只有静的一面，长时间遨游书海也难免困倦，而健美操作为一项体育运动，以激情四射的音乐和活跃的课堂氛围刺激着我的每个细胞，带出我性格中动的一面。可见，体育活动不仅可以强身健体，而且能激发人的潜能，启发人的智力。

学习与锻炼是相辅相成的，所以，我制订了一周的运动计划，希望体育锻炼能成为自己生活的一部分：周二跑步时间为18：00～18：30；周四上健美操课；周六日跳绳、打羽毛球时间为17：30～18：15。

（二）2016年3月10日第2次课

亮闪闪：①上课前热身，下课前拉伸。体现了健美操不光为了学习舞蹈动作，更重要的是锻炼身体。②老师教动作的方法：由手到脚，由原地到移动，由单一到组合，这样我们学得更快，记得更牢，配上音乐练习，培养我们的律动而不至于生硬。

感想：舞蹈真是一项让人身心愉悦的运动，健美操的课堂真是一个互相帮助的温室。

（三）2016年3月17日第3次课

亮闪闪：真心感觉每次上健美操课都有惊喜!之前的热身运动是全身锻炼，这节课结束前的放松运动换成了专项练习，贴心的老师是知道我们过了个肥年，有了小肚腩，为了让我们在紧接着变暖的天气中能穿着薄薄的美衣而特地为我们设置腹部的专项锻炼吗？哈哈，老师太有学生的心啦。而且在接下来的自由讨论环节中发言机会更多了，这也是个学会自主与锻炼胆量的机会。

（四）2016年3月24日第4次课

亮闪闪：曾经以为体育课仅仅为了锻炼身体，文化课只是教课本知识，虽然二者相辅相成，但似乎没有交集。然而今天老师给我们讲了体育课、健美操以外的文化知识，确切地说，是生活经历、为人处世的方式，这正体现了“教育在生活”这句话，因此在大学期间，我们应注重综合思维和逻辑能力的培养，善于思考，才能在人才济济的市场竞争中独树一帜、独领风骚。

（五）2016 年 3 月 31 日第 5 次课

亮闪闪：还记得上一节课老师给我们的课前指导是面试官在面试应聘者的过程中考察整体思维和全面把握的能力，注重的是应聘者的智商，而这堂课的课前指导则是着装、审美方面，所谓“人靠衣装”，服饰是一个人品味的外化，重要的是给人眼前一亮且舒适、耐看的感觉，考验的是一个人的情商。从小我们接受的教育都是应试的，只重智商而忽略情商，然而当今社会并不缺高智商的人，情商高的却不太多，以至居高位者都是屈指可数的高情商之人。因此，感谢老师给我们一个崭新的课堂，让我们朝着更好的方向发展。

分　析

黄同学上学期没有上健美操课程，由于种种原因这学期才转到健美操班里，笔者一直担心她跟不上课程，前三次课程能看出来她学得很吃力，显得手忙手乱，笔者也在课堂中关注她并给予指导，后面课程就慢慢跟上来了。主要原因是对分课堂促使她课后善于思考总结，找到自己与别人的差距进行弥补，课堂上也表现得积极、主动、认真。为了给学生减负，笔者要求学生课后思考作业最好半个小时搞定，不要有太大负担，技术动作每天练习 5 分钟以上。

四、2015 级小学数学教育专业班霍同学作业分析

（一）2015 年 12 月 9 日（第一学期学期末）

健美操课程也接近尾声了，这个学期的健美操课的确让我受益匪浅，以下是我对这学期健美操的总结：

1）老师采用了“对分课堂”的新模式，让我对体育课有了一个新的了解，运用这种上课模式，有利于我们每节课在学习新的内容之前，更好地回顾上节课的内容和解决上一周我们在复习中遇到的问题。

2）每节课都锻炼到了自己“会思考，会表达，会及时解决问题”的能力。我记得这句话是安剑群老师第一节课教授给我们的，每次上课我都会记住这句话，在课堂上积极表达出自己的想法。这种相互分享和交流的学习方式，让我学习到了更多关于体育、健康、生活方面的知识，也让我更有动力去锻炼自己的身体。

3）老师每次采用分配小组讨论的方式，让我认识了来自五湖四海的同学们，从开始第一节课的陌生到有时在校道上见面会打招呼，感觉自己交友的圈子渐渐变得广泛。

4）由刚开始对健美操的陌生到现在的热爱，几乎每天晚饭后都会抽出十几分钟在楼梯间练习。不会的动作，先看视频，再把不熟悉的地方用笔记录下来，然后在练习过程中不断重复，我始终相信一句话，即“熟能生巧”，如果平时刻苦训练，你就会比别人更优秀。

（二）2016年3月22日

1）今天是第二学期第四周上健美操课，交换了一下位置，同时，也学习了健美操黄金级的第3个八拍动作。课堂刚开始的时候，进行了记名字的游戏活动，只记得上个学期进行过但是这个新学期自从换了班级之后就很少玩，而且有很多新的面孔，因此我觉得玩这个游戏可以促进同班同学之间的友谊，让彼此互相认识。对于课堂上有位同学提到的问题：如果饭堂的饭不好吃，应该选择吃外面吗？我想补充到的就是如果饭堂吃久了，也可以偶尔选择到外面换换口味，但如果出于健康考虑还是建议以饭堂为主。

2）我认为本节课的亮点是转身提腿和伦巴的步伐，还有一个向左、右跳跃的动作。曾经学习过的第三套二级中有滑步这个动作，但是这次的滑步是经过180度的旋转，要做好这个动作一定要保持身体的平衡。同时，我觉得这节课的难点就是身体向后仰着打响指，每次做到这里都觉得身体有点摇晃，不够稳定，而且如何才能把身体的斜度掌握好这也是一个难点。

3）分享生活：2016年3月26日佛山举行了一个徒步50千米的活动，身边许多朋友和同学都去参加了。其中，我看到有位朋友分享了一个数据：据有关方面测定，人每登高1米所消耗的热质，相当于散步走28米，其所消耗的能量和脂肪是静坐时的10倍、走路时的5倍、跑步时的1.8倍、游泳时的2倍、打乒乓球时的1.3倍、打网球时的1.4倍。如果沿着6层楼的楼梯上下跑2~3趟，则相当于平地缓跑800~1500米的运动量。按照这个算法，爬72层楼，相当于跑5千米。这位朋友走了47.75千米，等于爬了10个72层楼梯，我十分敬佩他。其实这项徒步运动可以唤起人们对运动的热情与兴趣，这个活动每到达一个目的地就会盖章证明，也使更多的人有信心完成接下来的路程。

分　析

霍同学刚开始给笔者的印象是有点婴儿肥，内向腼腆，上课也不主动发言。但她一看就是认真、好学的学生，她会理解笔者课堂每一个环节所安排的内容要求学生达到的目标，从她的表情就能感觉到她总是给笔者肯定和支持，但我觉得她课后欠缺主动思考和表达。于是我在课堂中注重引导她课后应该多思考，课堂如何表达自己的思想，经过一个学年的影响，现在她上课不但主动发言，而且敢于主动上讲台带领学生一起练习，整个人看起来健康、结实、充满自信。带动了班级学习氛围，同学们都亲切地喊她“班长”。现在她已成为健美操运动训练班一员，2016 年 11 月和岭南师范学院健美操训练班同学组队参加广东省健身广场舞联赛（湛江赛区）获特等奖，她说她会继续把健美操坚持下去的。

五、2015 级思想政治专业 2 班的白同学

健美操，以前从未接触过，在大学的第一个学期，我选择了它，觉得这应该是一次不错的体育课吧，以前只是看着别人跳过，现在自己也可以体验一下，但是，好像都没有我想得那样简单！大学和中学，完全是不同的概念，上体育课，每周只有两节，老师会在上课时合理地安排上课时间，尽可能地让我们在上课就消化掉当天的

内容，每天上课前，老师会把我们分成几个小组，让我们进行讨论，我们在练习或者锻炼身体时遇到的各种问题，首先让我们小组内进行解决，小组内部不能解决的就在小组之间进行解决，最后都不能解决的老师就给我们解答，随后，老师就开始让我们做伸展运动，每一节课，老师都会把要学的新的动作加入每天的拉伸运动中，这样不仅可以让我们先大概地了解一下动作，还可以让我们在学习之前进行身体的拉伸，我们面对每一节课的新的拉伸运动，我们也会充满好奇，会更认真地学习，老师的这种教学模式极大地提高了我们的学习兴趣！

刚开始的时候，由于练习得很少，对于每节课的内容都不能及时消化，然后，就在每次上课的前一天晚上进行练习，但这种效果并不好，只是临时的，并不能够将动作完整地跳出来，渐渐地，随着老师课程的跟进，我们不熟练的地方也越来越多，我们甚至开始害怕上课了，那种胆怯居然会产生在体育课上，后来，在同学的帮助和老师的鼓励与耐心教导下，我们开始慢慢地投入了更多，并没有那么害怕了，能够跟随着音乐的节拍进行练习了！老师说“要迎难而上”，是的，知难而退是弱者，知难而上是强者！

在练习的过程中，我们会发现很多问题，会自己动手去查找相关的资料，查阅到资料后，我们会和全班同学一起分享，若查阅资料也没有找到相关的资料，那就会向老师寻求帮助，老师说“要培养我们会思考，能表达和及时解决问题的能力”，这一点一直都是老师贯穿上课内容的核心，渐渐地，在老师的潜移默化的引导下，我们也学会了很多，许多平时上课都不怎么回答的问题的同学也开始有了话语，也敢于在上课时积极发言了！

第二学期由于学校系统出现意外，可以重新选体育课，我又选择了健美操，很喜欢健美操课的那种感觉，让我自己觉得很舒服，这种感觉，是其他的课程所不能够带给我们的，那种愉悦感会在你的心里保持很久，哪怕那天心情不怎么好，上完课后，心情也会有很大的改变，这也许就是运动的魅力吧！现在，每天上课都基本上能够很快地领悟到老师的步伐，也很喜欢跟着老师在音乐的节奏里漫游。

最美好的时光总是过得那么快，转眼间一年的健美操课所剩下的课时已经不多了，回忆起刚开始的想要逃避，到现在渐渐面对，这种过程只有自己亲身感受过才会懂得，每一个老师都会有很多地方值得我去学习，而在安老师的课堂中，我也学到了很多很好的东西，我想，以后我如果当了老师，那我也会将我所遇到的老师们教会给我的东西传递给我的学生！

六、2015级中文专业本科1班余同学健美操学习部分作业分析

（一）2015年3月8日（第二周）

1. 亮闪闪

预习上学期的动作，让我们在回顾中学习；练习健美操的伸展运动，起到热身的作用，让我们舒展四肢，得以更好地学习健美操动作。

2. 考考你

问：饭后吃什么最好？不宜吃什么？

答：吃水果最好，如苹果、梨，但最好不要吃糖分过高的食物，如西瓜、桃子。

3. 帮帮我

怎样运动才不会使小腿有肌肉？如果有肌肉了怎样做可以使小腿肌肉不那么结实？

4. 学习心得

在这节课开始时，老师带领我们做练习健美操前的伸展运动，随着优美的音乐，我们伸展着四肢，感到无比的舒服，这无疑是最好的准备动作，对这种新颖的准备动作，我们都感到新奇，觉得不仅可以在体育课中学习到健美操，还可以学到一些舞蹈动作，所以我们都非常乐意去跟随老师的脚步去练习。

准备动作做完后，老师让我们预习上学期学习的两套操，果然是寒假没有经常复习的原因，有些动作忘记了，不过在跟随着音乐跳动的过程中，还是能回忆起来，这提醒我要反复练习。

紧接着，老师教我们学习了健美操黄金级的第二套组合，而这节课的动作不难，就是音乐较快，节奏有时跟不上，这需要课后多加练习。

（二）2015年3月15日（第三周）

1. 亮闪闪

在跳完这节课的健美操动作后，进行了腰部锻炼，这让我们懂得了如何锻炼腹部肌肉，在锻炼腰部力量的同时也锻炼了全身力量。

2. 考考你

问：一天喝多少水最好？

答：八杯水。

3. 帮帮我

饭后多久运动会比较好？

4. 学习心得

这节课学习了黄金级健美操的第二套动作，我觉得我在学习时跳左边的动作很熟练，可是一到右边的练习，就乱了阵脚，特别是有时手和脚不协调，有时第一遍对了，第二遍又错了，特别是做反方向的动作让我摸不着头脑，所以课后我跟着健美操视频来做，我遵循左边的动作来做右边的动作，虽然不是很协调，但是通过一遍一遍反复地练习，能跳得比之前更熟练了，所以要想跳得好，勤奋少不了。

（三）2015 年 3 月 22 日（第四周）

1. 亮闪闪

①互记姓名小游戏，增进对同学的了解。

②进行五分钟的腰部训练，练习马甲线，可以起到瘦肚子和塑形的作用。

2. 考考你

问：如何消除运动后的疲劳？

答：运动之后，可以慢走几百米或慢跑几分钟后再停下来。运动之后可以平躺着，平躺时脚放置的位置应略高于头，这样有利于下肢血液回流到心脏。

3. 帮帮我

平时抽不出时间去跑步或者锻炼身体的时候，有没有一些动作可以让我们在宿舍运动，也可以让我们在这些动作中起到锻炼身体的作用？

4. 学习心得

在开始课程时，安老师让我们一个横排的 8 个同学互记姓名，刚开始以为一下子要记住那么多人的名字是很困难的事，但玩了几趟游戏后才发现原来是可以做到的，这不但能让我们互相了解，而且还可以让我们从中得到乐趣。

在这节课的学习中，老师让我们跳了健美操黄金级的第三套组合动作，而在这组动作中有一个动作特别新颖，就是 180 度平行旋转，这个动作看起来简单，可是做起来却又不容易，但是经过反复练习还是可以做得比较好的。

但是，在我看来，我在这节课表现得不好的是，当老师复习上一节课内容的时候，左边的动作能跳得不错，但是一到右边的动作就全乱了，这是因为我在上节课课后没有经常反复练习，特别是 360 度旋转拍掌的动作做得很糟糕，但老师说可以通过先跟着较慢的音乐来跳，再跟着较快的音乐来跳，这样可以更好地练习。我打算运用这种方法来练习这节课的健美操内容。

（四）2015 年 3 月 29 日（第五周）

1. 亮闪闪

进行五分钟的腰部训练及手臂肌肉训练。

2. 考考你

问：一天运动多久最好？

答：40 分钟到 1 小时（走路、慢跑最好）。

3. 帮帮我

生病快好的时候可以通过做运动来恢复身体吗？

4. 学习心得

这节课的学习中，我体会最深的是上节课老师在带领我们做热身运动时，让我们在不知不觉中熟悉了这四节课的内容——健美操黄金级的第四套组合，我觉得这种让我们在潜移默化中学习健美操是可以让我们很好地了解其中动作的细微变化，我觉得在平常的学习中可以用这种方法来学，特别是像我的专业课，要背的东西比较多，这种方法无疑可以借鉴到专业课学习中去。

这节课的动作在我看来是比较容易学的，而且动作连贯性也有较大的提高，我相信勤练习健美操，而且再加上音乐配合来跳会有比较好的效果，课上虽然对动作掌握得比较熟练，但在课余时间仍需多加练习。

我觉得距离下课前 10 分钟的力量锻炼让我觉得挺累的，但由于我之前做过类似的体育锻炼，所以做起来比较轻松，我觉得要想身体健康就得多锻炼。

（五）2015 年 4 月 5 日（第六周）

1. 亮闪闪

学习健美操前的问题讨论，会增加课堂氛围。

2. 考考你

问：什么时间运动最科学?

答：早上 6～9 点，下午 5～7 点。

3. 帮帮我

在练习瑜伽前做多久的准备动作最好?

4. 学习心得

这节课在开始上课前安老师让我们分小组讨论问题，并且把全部小组分成两部分，一部分提出问题，另一部分针对前一部分同学提出的问题来回答，整个课堂呈现出较自由的氛围，同学可自由发表她们的见解，大家互相讨论问题，解决问题，这是一种很好的学习方法，我觉得通过这种课前讨论，不仅可以让我们大家互相了解，还可以锻炼我们的胆量。这节课学习了健美操黄金级第四套组合动作，这次我们全班同学都进步很快，安老师仅仅只教了几遍，同学们就能很好地掌握动作的要领，只要通过多加训练，动作再有点力度，就能做得比较好了。

分　析

这位同学从一开始排斥健美操，到第一学期期末爱上健美操，到第二学期结束后舍不得健美操课堂，从她作业中反映出她不断进步，不断成长！她认为采用对分课堂能让大家相互了解，培养学生的胆识。她表达了在练习的过程中，会发现很多问题，课后会自己动手去查找相关的资料，查阅到资料后，第二次课堂讨论就与全班同学一起分享，若查阅资料了没有找到相关的资料，就会向教师寻求帮助。她理解教师上课内容贯穿的核心就是要培养拥有“会思考、会表达和及时解决问题能力”的学生，也表明在教师潜移默化的引导下，她们也学会了很多。

第四节　采用“对分课堂”模式学生心得与分析

一、2015 历史专业 1 班的吴同学对健美操的“对分课堂”收获与心得

对分课堂是新时代进步的课堂教学模式，与传统课堂相比，着实令人耳目一新。以下是我在安老师带领下对对分课堂的感想。

谈“感想”，不如说是“感触”更为贴切。刚刚来到健美操班时，不安是我唯一的知觉！不安、缺乏自信，看到周围同学或纤细或修长的身材，又矮又胖乎乎的我简直宛如母猪闯入羊群一般突兀。从小到大我都不喜欢运动，也许是体质湿热的缘故，简单几个动作我也会搞到大汗淋漓，浑身不舒服，所以我对运动敬而远之。

大学在刚开始的一学年对我们的运动量做了硬性要求，选课那天我正好有课冲突，朋友帮我选了健美操。啊？！健美操？！说实话我当时真是吓到了，但为了奖学金，我说服自己去练习、去投入。一个学期下来，竟有意想不到的发现。

第一学期，课程不是很多，也因为刚刚接触，所以每天都会练十几二十分钟，只要每天都坚持的话，跟上其他同学的步骤是没问

题的。自信心也便在这不知不觉中产生了。

我一直铭记安老师第一次课堂上对我们寄予的希望，她说，上健美操课，绝不仅仅是为了学好健美操这项体育运动，更重要的是能够培养同学们会思考、会表达及及时解决问题的能力。上课前，安老师与我们分享心得，每次都十分贴近生活，实在而深刻！我们在听的过程中反思现实。在快节奏的社会生活中，能够引导我们偶尔停下匆匆脚步反思生活，这点非常难得。

分组讨论环节是我最意外的收获，每堂课都与不同的同学组合，讨论过去一周的运动心得、分享生活小常识，然后站起来发言。这一过程中，我们不但在讨论中解决了平时困扰我们的生活小问题，如女生的痛经问题等；而且得到了表达能力的锻炼，为我们以后更好地走进社会做了充实的铺垫。同学们发言之后，安老师便做一个总结，解决我们在讨论中不能及时解决的难题，收效明显。

接下来是持续 1 个小时的健美操动作、步骤学习及巩固当前所学内容。这 1 个小时是我最喜欢的，因为我发现，以前非常讨厌出汗的我，在跳完 1 个小时的健美操后，即使大汗淋漓，整个身心也充满着无法言喻的舒畅！慢慢地，我爱上了这种感觉，甚至上完一堂课后，我竟开始期待下次课堂的来临。

安老师的对分课堂在不断实践中得到完善与发展，同时，我们也在课堂中成长、蜕变。从排斥运动到喜欢上运动；从不安到自信；从退却到勇往直前，在不断的旋转跳跃中找到自信、找到自我，这就是我在课堂中最大的收获！

谢谢安老师一直以来对我们的关爱与陪伴，同时，在这里，我谨代表全班同学预祝安老师的对分课堂越开越好！勇攀高峰！创造奇迹！

分析

吴同学这学期第二次课后问笔者什么时间还有课程，表示在课表不冲突的情况下她想多上健美操课，从一开始害怕上体育课到后面主动要求上体育课，笔者认为她思想上已经认识到健康的重要性，完全体会到体育给她带来的成就感。所以她变得更主动、积极，这与她平时讨论中获取的理论知识是分不开的。上学期一开始，班里90%的学生都觉得自己笨手笨脚，也包括她，但她显得比较突出，沉默寡言，经过一个学期健美操的学习，她现在整个人表现自信多了，勇于上讲台来表现，没有紧张感，脸上也洋溢着笑容了，此外她在历史1班里专业成绩也名列前茅。

二、2015思想政治专业1班叶同学对“对分课堂”的看法

对分课堂分为“亮闪闪”“帮帮我”“考考你”三个环节。每一个环节都使我受益良多，感受到别具一格的上课模式。“亮闪闪”环节要求我对每节课学到的东西记录下来，以增加我对学到东西的记忆，特别是在体育课上。

以前体育课纯粹只是动作方面，有关理论的知识很容易被遗忘掉，除非做一定的笔记。但体育课是没有写作业这一环节，自己也没有想到用笔把所学的知识记录下来，因此对上一节体育课老师传授的知识，我总是模糊不清，迅速忘记，甚至有时候一点印象都没有。

现在不一样了，“亮闪闪”环节使我对上一节体育课所学的知识

有深刻的印象，自己非常清楚地知道我所学的知识。在“帮帮我”环节里，我能把自己不懂的知识列出来，在小组讨论里提出来，让小组同学群策群力地解决，这样，知识盲点彻底转化为我所学的知识，解开我心中的疑难，有利于加强我对知识掌握的深度。最后一个“考考你”环节是非常重要的环节，通过这一环节，我把遗漏的知识进行补充，把问题提出来与同学一起探讨，把我的答案讲出来让大家思考是否有不足之处，相互交流，收获许多扩展而来的知识，如丰富的体育健康小知识、体育运动技巧和体育锻炼方法，对体育知识有全面的把握。

总而言之，对分课堂这一上课模式对于当代教育发展有一定的帮助，它能更好地引导学生进行独立的思考，改变以往的老师主动授课、学生被动接受的旧模式。它是学习知识的有效方式，是我们打开知识大门的钥匙，是体育课的精彩部分。

三、2015 级历史专业 1 班黄同学健美操课堂的感受

初次选择上健美操课纯属想要塑身、减肥，但是当我上第一节健美操时，我的想法改变了。

原来健美操课不仅仅是学习动作，还会有师生互动。这种课堂叫对分课堂。每次上课会有半个小时的时间与同学讨论问题，以“亮闪闪”“考考你”“帮帮我”为主题进行讨论，不懂的问题可以由老师或者其他同学解答。我认为这是一种很好的教学方法，学生之间有更多的机会认识彼此，了解对方，促进双方的友谊，学生与老师之间有更多的机会接触，解决不懂的问题。我想这不仅是一节健美操课堂，而且更像是朋友间的聚会，学习相同的爱好。

四、2015 级财务会计教育专业 1 班严同学

刚开始接触健美操时，发现自己什么都不懂，觉得健美操很难学，经过一段时间的学习，发现健美操很有趣，对它的兴趣更加浓厚了，不过所要学习的动作难度也加大了，路线复杂，方向多变。

（一）课后感受 1

自从上了大学之后，才知道在大学的运动和初中、高中的差别是如此大，以前，总是不经意间就会把它忽略，对它不太重视，在脑子里就会有一种观念，运动不就是做几个动作而已？可是，现在的我，有了深深的感悟。比如，所做的每一个动作是否标准、到位，是否对身体的哪个部分有帮助，是否对身体有好处，又要认真地思考应该运用什么的方法才能获得最大的效用。动作是否标准，最重要的是要有思想意识，用意识来指导动作的完成，而不是敷衍了事，否则只是白白浪费了时间却一无所获。因而，在运动的同时，也锻炼了自己的思维能力，懂得思考，深入地剖解和分析，注意每个动作的要领，形成一种独立思考的习惯，更有助于我们的成功。

（二）课后感受 2

俗话说：“生命在于运动。唯有运动，生命才有活力，才会有源源不断的动力。”但是，要清楚运动不是一种简单地让我们获得健康的工具，而是要成为我们生活中息息相关的生活方式，要成为我们的一部分，所以我们就要形成一种良好的习惯，进行有规律、

科学的运动。在此，我觉得最重要的应该是从思想上转变自己的观念，要牢牢记住运动是生活的一部分，然后要用实际行动去实践，把运动深入到生活的细节，渗透到生活的每一个角落里。所以人在的一生当中，都要有一个清醒的认识，对自己有一个清楚的了解和认知，有了深刻的认识，才能制订出一套适合自己运动的处方，才能更加有效地锻炼身体，这才是最健康的。唯有身体好，才是健康的，健康是一种美，因此，我们应该学会用思想关注美，用行动实现美。我觉得只有真正认识到健康的重要性，随时关注健康，才懂得它的美。在运动上，我们要保持一颗青春而有活力的心，越运动，越健康，也要有始有终，持之以恒。运动不是一时的，而是一生的，终生运动，终身受益。面对运动，不是随时的起兴，而是一种持久的喜欢，因为喜欢它，所以就会喜欢它的一切，就会不断地去寻找各种方法去向它靠近。也许，在这个过程中，我们可能会遇到各种各样的困难或者挫折，但千万不要去抗拒它，而是要勇敢地面对、接受它们，不论是在工作还是在生活中，我们都要学习和发扬这种精神。如果不敢去面对，而是退缩，畏惧，那么失败对于一个胆怯的人来说是深渊，是一座跨不过的鸿沟，永远都可能到达不了成功的彼岸。

五、外语学院 2015 级商务英语专业 4 班的李同学

这是我第一次接触“对分课堂”这种上课模式，选健美操的时候以为上课只要跟着老师学习新动作就可以了，所以当老师第一节课说以后上课前 20 分钟时小组讨论时间，剩下的时间学习新动作和

复习旧动作，我刚开始觉得有点难适应，因为高中上体育课都纯粹是肢体的运动，脑力运动很少甚至没有，所以上课显得很被动。但是自从采用对分课堂这种新模式之后，我觉得自己的思考能力有了大幅度的提高，每节课由于组员的不同也能认识到不同的同学，小组讨论后解决不了的问题也能当场请教老师，也学到不少锻炼身体肌肉和塑造形体的动作技巧，比如在体侧时，测 800 米时采用老师所教的呼吸方法和跑步技巧，我就觉得没这么累，而且发现自从跳了健美操后自己的身体素质也得到提高。

她关于健美操技术动作的每节课后的感言如下：

（一）第一节课

亮闪闪：上课的时候老师首先复习了上学期学的一级和二级大众健美操，然后老师就说这学期学的新套路——活力黄金健身操，这是以这两套操的基本步伐为基础的。这套操虽然都是我们学过的基本步伐，但是加上了方向的变化，它的节奏也有所加快，所以我刚学的时候有点吃力，但是在老师的几次反复指导之后，我也渐渐地掌握了技巧，现在跳健美操的要求就是在动作熟练的基础上加上身体的律动。

（二）第二节课

亮闪闪：这节课我们学习了第二组合，本来觉得这套操只是节奏、力量方面有所增强，学第一组合的时候也没有太吃力，但是从第二组合开始，后面的动作难度都逐渐增加，一方面要求对基本步伐更加熟悉，另一方面要对方向感的变化有所适应，所以希望大家在课后一定要另外抽时间复习一级、二级和上节课所教的内容，不要把问题堆到最后才解决，不然越到后面会越吃力。

（三）第三节课

亮闪闪：这套黄金活力健身操越学越觉得吃力，以前的一级、二级操只要平时上课前一晚做一下复习或者想一下动作基本就可以掌握了，但是这套操用这种方法是行不通的，必须每天抽 5～10 分钟来想一下、练一下学过的动作，每天不断地重复练，你会发现越跳越流畅。上节课老师在最后 5 分钟教了两组练腹部力量的动作，刚开始练是比较吃力的，但是只要每天都坚持，一天比一天多练几个，会越做越轻松。

（四）第四节课

亮闪闪：上节课讨论环节的气氛好融洽，大家提出不懂的问题并向老师、同学们请教，首先是同学们相互讨论解决办法，但如果老师没有分享她的经验，每个人都能及时提出对问题的看法，增加了课堂的趣味性和团队的合作性，提的问题也是不尽相同的，有运动的、养生的、平时的生活习惯等。这是一个交流与学习的好机会，只有在生活中善于发现问题、解决问题才能更好地锻炼自己，还有在课的最后，老师教会了我们一组瘦腿动作和一组练腹肌的动作，我觉得这两组动作对于初学者来说是相对轻松的，没有像做仰卧起坐那么累。

六、一个学生的邮件[①]

对分课堂的核心理念是把一半的课堂时间分配给老师进行讲授，另一半时间分配给学生以讨论的方式进行交互式学习。这种新型的教授方法有别于传统的教授形式，学生可以有更多的机会在课堂上发挥，同时也增强了学生与老师、学生与学生之间的互动。初中、高中的体育课程学习，我们都只在课堂上听讲，跟着老师的步伐走，而自己独立思考的时间则较少，表达自己看法的欲望也比较弱。当课堂上老师讲述的内容比较枯燥、互动性较弱的时候，我们很容易会分散注意力，比较容易犯困或者把注意力转移到与课堂无关的内容上，这使得我们的学习效率低下，学习兴趣也不高。而对分课堂打破了这种传统式教授方法的尴尬。在每堂体育课正式教授舞蹈动作之前，老师都会让学生之间相互讨论，而讨论的内容既有关于课堂上所学的内容，又有关于课外知识的累积和思考，这让每个人都能发表自己的看法，提出自己的困惑之处。在讨论之后，老师会让同学们自由发言，各抒己见。当我们提出自己的困惑时，能够得到老师的及时解惑和讲评。当我们在分享自己的见解时，又能让课堂上的其他同学从中学习。这样的教授方法能让我们真正地融入课堂，同时也把课堂延伸到课外，令我们不仅能从老师身上学习到知识，也可以从同班的其他同学身上学习；并且，我们可以在课堂上学到知识，也可以在课堂外继续探索，不断拓宽自己的视野。

① 因为这是一个学生发的邮件，也没有注明自己的个人信息，具体内容是关于对分课堂的感受。

对我而言，我以前不敢在课堂上发表自己的看法，但是，现在在对分课堂上，老师让有想法的同学都能站出来，讲述自己的想法，看到班上的同学们都会分享自己的见解，我也跃跃欲试，便逐渐放开胆子，敢于在大家面前分享我所了解的知识和所要表达的个人观点。对分课堂能让学生更多地参与课堂，融入课堂氛围。我认为这样的教授方法很有趣，效率也更高。

七、2015级机电班谢同学第二学期连续6次课堂“亮闪闪”作业展示

（一）第一周

新学期，老师教给了我们很多新的热身动作。有高难度的，有具有古代风韵的，还有让人不禁变得投入的动作。例如，“左手握着向后抬的左脚，右手首先往上伸再慢慢往前伸，并且左脚慢慢往后伸”是高难度动作，但让人觉得很有挑战性、很具吸引力；再如，“左脚往右上一步，同时左手前伸再划到左边，右类似，然后左脚与右脚交叉，身体向右转45度，同时双手手背上伸贴着后还原”是具有古代风韵的动作，有种身临花丛翩翩起舞的感觉；再如，“屈膝，双手由外往回抱且低头吸气，再慢慢站起，双手慢慢张开放下并呼气”是让人情不不禁投入的动作，因为做完这个动作后，整个人有种舒服的感觉。

（二）第二周

我非常喜欢这节课教的健康活力操的 A 字步并拍掌后转的部

分，因为它非常考验我的灵活性和稳定性，当自己可以很好地做到这些动作时，我很开心，感觉做上瘾了，哈哈。

（三）第三周

这节课继续学的还是健康活力操，我很喜欢“张开双手向左走，左转，双手往原正前方摆动并且头也看向原正前方”的部分，这个动作让全身都动起来了。

（四）第四周

我还是喜欢健康活力操的响指部分，觉得非常有趣、酷酷的。

（五）第五周

这节课高冲击力的动作有点多，但很好玩，看着大家飞来飞去的觉得有些好笑，因为才开始练，很多人都没跟上。即使这样，大家还是在很努力地学，这是非常好的。

（六）第六周

我很喜欢“虎口相握、身体旋转”的部分，健康活力操到目前为止虽只有两次快速旋转的部分（除拍掌转圈部分外），却越来越让人容易掌握其中的感觉。还有老师课上的心灵鸡汤和自信的笑容也是很大的闪亮点。

总之，自从用了“对分课堂”教学模式，学生体育锻炼意识明显提高，以前不喜欢锻炼的学生都慢慢投入其中，按照适合自己的运动处方进行有效的锻炼。有次下课学生跑过来感谢我，以前她仰卧起坐只能做 3 个，现在能做到 30 个。还有一个学生说刚开始觉得健美操好难，学起来很吃力，现在跳健美操好开心。笔者经常跑步，偶尔会碰见学生，了解到她 29 分钟跑完跑瑞云湖，5 千米呀，她自己感到很有成就感、很欣慰。

这里引用 2 个学生的感言，希望对您有所启发。2015 级法政学院社会工作 1 班的李同学：

我觉得自从开始学习健美操之后，自己也有一些变化。刚开始学习时自己也存在一些问题，比如动作做不好，肢体不协调，跟不上音乐节奏等。老师教导：我们体育之道，贵在坚持，要想学好健美操就得多练，这是学习健美操的必经阶段。老师采用了对分课堂的模式，不仅使我们学到更多的体育知识，还培养了我们学会思考、学会表达的能力，更重要的是培养了我们的自信心。比如，我自己是一个比较内向的人，但是在健美操小组讨论中我也尝试提出体育锻炼或健美操学习过程中遇到的问题，分享一些课堂上的闪光点或体育小知识，也学会了解答讨论中同学们遇到的问题，有时候答案虽不是很好，但这对我来说，是一个不小的变化。从最初的跟不上节奏到现在能抓住一些节拍，这是一个变化的过程。在健美操学习中不但锻炼了身体，而且也丰富了我们的知识面。这对我们来说也是一个好的学习过程，使我们体育学习不再单一，而是朝着多样化方向发展。将对分课堂运用到体育课中，使我们在学习之余也可以了解到同学们遇到的问题，还有就是了解到一些运动技巧，生活小常识等，调动了同学们的积极性。对分课堂比传统的课堂讲课方式活跃，而且效果也比较明显。于我而言，更喜欢对分课堂的教育模式。2015级小学数学教育专业班的霍燕坤同学给笔者微信留言：学了差不多一年多的健美操，从以前觉得学习健美操是一种任务到现在一种享受和快乐，大一对健美操这个课程慢慢地了解，其实很谢谢老师一路以来的引导，无论是平时的训练还是小组的自由讨论，真真切切地从健美操课堂上学到了实用的东西！这真的使我受益匪浅！自编操这个过程中，我也收获了很多，因为过程用心了，结果也就无悔了。安老师，您是我在大学以来第一个觉得像朋友一样的老师，谢谢您一年来的教导，我会继续以您为榜样，越来越优秀的！

这学期课程最后一个单元学习，由于引导学生实践自编操，理论学习半小时，留给学生一个小时实践，学期的作业成绩都给打完了，发现有的学生还在继续写作业，他们把课后编排的内容拿来课堂上相互交流，这种行为都成自发的了。这学期自编操效果比以往传统课堂都好，学生最后也觉得不可思议，自编操的收获竟然都那么出乎意料，不仅仅包括肢体的协调、乐感的提升等，更重要的收获的是与小伙伴们之间的友谊，培养了学生团结协作能力和相互沟通能力。

第四章

大学体育瑜伽对分实践攻略

第一节　大学体育瑜伽对分课堂实施步骤

“学无定法，贵在得法。”笔者在瑜伽的教学过程中，为提高教学质量，进行过多种教学方法的尝试，都没有取得很好的效果。对分课堂为瑜伽的教学提供了一种新的教学模式，强调了学生的自我练习体会和内化吸收，增加了小组讨论的分量，提升了学生主动学习的重视，让学生变被动学习为主动学习，在很大程度上提高了学生学习的主动性，同时为将瑜伽融入生活，成为一种生活方式提供了方法。

一、对分课堂在公共体育瑜伽大一选项课中的应用

岭南师范学院公共体育瑜伽课程大一选项班中基本上全是女

生，是 64 学时，4 学分，需要理论考试和技术考试，使用了“对分课堂”模式。教学内容是针对该校的教学条件，以及学生的身体特点设计的教学内容：感官收摄拜日式、起床功、放松功、平衡组合、瘦臀组合、塑形组合、脊柱调理组合等体位法、休息术及呼吸冥想。

（一）准备部分

第一次课中，笔者除了给学生讲清楚瑜伽课堂常规，瑜伽课堂常用的装备外，还详细讲述了对分教学模式及所需要准备的工作。①每名学生需要准备一个作业本，为上课做笔记和课下做作业用。随时记下自己练习时的感受，方便课下自己练习时体会，同时也是考核学生平时成绩的主要依据。②让学生进行自我介绍后自由分组，一般 4～6 人为一组；上课时一个小组的垫子铺在一起，方便课堂讨论、小组互助练习。③整个班级互留联系方式，与学瑜伽协会联合举办周末户外瑜伽，让学生进一步深入了解不同形式的瑜伽，同时促进学生之间的交流，打造瑜伽氛围。

第二次课采用对分课堂模式进行尝试，让学生清楚对分课堂的过程。第一节课讲授这学期所要学习的瑜伽内容、考核评价方式及瑜伽入门知识，学习常用的瑜伽呼吸、坐姿、手印；第二节课把对分课堂的流程让学生尝试一遍。让学生明白对分课堂的要点和注意事项，同时，强调平时作业的重要性，练习体会分享的重要性，并且布置课下作业。

从第三次课开始正式使用对分课堂模式教学。

（二）实施步骤

1. 课堂练习讨论过程

每次课一开始，学生在课堂上，首先，进行小组互助讨论交流，主要是课下自己练习时心理感受、肌体感受及在练习的过程中遇到的困惑；其次，进行组间学习交流，重点讨论小组的闪光点及疑惑。讨论后进行简单热身，而后把讨论的知识运用到实践中去，即小组练习。随后以小组为单位上台展示讨论和练习的成果、技术功法，展示后，学生要分享自己对技术功法的感受（闪光点和疑惑），并且点一名观看学生对展示学生的技术功法进行点评，闪光点在哪里，不足在哪里；最后，教师对展示学生和点评学生的疑惑进行解疑，并对这次学生练习和讨论的整体状况，进行总结分析并提出表扬和希望。

2. 课堂讲授过程

每次课的第 2 小节，教师课堂带领学生学习下一个动作体位组合的重点和难点内容。重点强调呼吸细匀深长、神气内敛、因人而异，同时明确课下自己练习的方法。瑜伽的许多姿势体位来源于自然界中的动物、植物，讲授时配合讲解动、植物的特点，以方便学生理解练习，或布置课下作业让学生自己去了解其中的故事。

3. 内化吸收过程

课后，学生阅读课本资料并观看教师指定的视频，进行练习，并且完成个人作业。

（三）作业要求

每节课提交一次作业，这学期共计 10 次作业；每节课都将提交一次作业，个人作业的目的是督促学生课后练习，保证学生理解基本动作体位，为小组内深入、有意义的交流讨论作铺垫和准备。小组作业的目的既是对知识的总结又是对练习好的同学进行赞同，对练习不好的学生进行提醒。

1. 个人作业（Assimilation）（最高 4 分）

学生课下独立练习教师讲授的新动作体位，观看教师指定的视频，阅读教师指定的材料，完成个人作业（每学完一个组合后提交一次视频作业，其余的则为书面作业）。个人作业必须独立完成，必须在每周五晚上 10 点前提交至教师邮箱，或交到教师信箱，迟交者扣分。

个人书面作业由 4 部分组成。

（1）练一练（动作要领）

学生在练习动作体位过程中的方法和步骤（动作名称、用力部位、注意力放置部位、练习步骤、呼吸配合、动作功效、动作练习背景等）。书写形式可以多样，可以用文字描述，也可以用图形表示，如单线图。

（2）想一想（心理感受）

专注练习每个体位后每个人都有不同的体会，请列出练习过程中自己感受最深、受益最大、最欣赏的部分等，至少 1 条，更多不限（可以是心理感受，也可以是肢体感受）。

（3）帮一帮

列出自己在练习过程不明白的问题，在小组互助练习讨论时求助别人，至少 3 个，更多不限。

（4）考一考

列出自己练习过程中很舒服的部分，但是觉得别人可能存在困惑的地方，用来挑战别人，至少 3 个，更多不限。

录下一段自己课下练习的视频，时间为 3 分钟左右。

2. 小组作业（以表扬、鼓励为主）

小组作业在小组讨论和组间讨论后教师进行现场抽查，做得好的地方，教师进行表扬；做得不好的地方，教师分析不足并进行鼓励和提出希望。

（四）讨论方法

1. 讨论方法

学生主要表述个人对动作体式的理解，在练习的过程中有什么样的生活感悟，以及在练习的过程中遇到什么样的困难，互相启发，深入理解，共同克服难点，分享体验，开阔视野，展示个性，锻炼合作。在讨论的过程中学生要懂得说话方法，合理使用“肉夹馍”的说话方式，注意语言礼仪，注意尊重他人，学会换位思维。

2. 讨论的时间安排

小组互助练习讨论 15 分钟左右，组间练习讨论 5 分钟左右，讨论后的理论应用于实践 10 分钟左右，展示分享讨论结果 5 分钟左右，教师总结10分钟左右。具体时间可以根据学生练习讨论的具体情况确定。

（五）成绩考核

成绩＝课堂考勤（10分）+个人作业（40分）+期中考试[①]（20分）+期末考试（30分）。

课堂考勤：每次无故缺席扣5分，缺席两次或以上，考勤分为0分。请假缺席一次扣3分，请假3次以上，考勤分为0，同时要按时提交作业。事前请假，需有充分理由；事后请假无效。请假获准者，作业应尽量按时交或迟延后一周。无故缺席者，作业无分。

作业：除去第一次课，体质考试课、理论课、理论考试、期末考试课，共12次作业，每节课上交平时作业。每学完一个组合，需要上交1次视频作业，共3次视频作业，共12分。每次作业4分，其中，9次书写作业记7次作业成绩，共28分。

期中考试：按每学期学院统一安排进行。

期末考试：瑜伽体式技能考核。

二、对分课堂在公共体育瑜伽大学二年级选项课中的应用

岭南师范学院公共体育瑜伽大学二年级选项课，实行的是俱乐部式课程模式，没有学分，没有绩点，学期末的考核结果只有及格和不及格两个档次。其对分课堂实施起来略有不同。

---

① 期中考试内容为素质测试或理论考试。

（一）准备部分

与大学一年级基本类似，大学二年级的教学内容更为实用、方法更为灵活。分组、作业没有大学一年级的严格，评价的要求也有所变化。

（二）实施步骤

1. 调息准备过程

每次课一开始，音乐伴奏下学生集体进行呼吸冥想和热身，教师通过语言引导，目的让学生快速进入瑜伽课堂状态，同时也可以教会学生课下静心的方法。时间需要 15 分钟左右。

2. 课堂讨论过程

学生热身后进入小组讨论，讨论内容是课下练习体式的心理感受和体式的功法、功效，重点讨论练习时遇到的难点和感受，身体什么状况下更适合什么体式。组间讨论重点是小组优秀成果分享。小组展示分享后教师重点对展示动作进行评价，对动作体式涉及的知识进行有针对性的总结和分析。

3. 课堂讲授过程

教师讲授新内容时除讲清楚动作要领、注意事项，要重点强调动作功效，可能出现的机体感受及如何把体式融于日常生活。

4. 内化吸收过程

课后，学生阅读课本资料并观看教师指定的视频，进行练习，并且完成个人作业。

（三）作业要求

大学二年级每节瑜伽课堂都有个人作业，但不需要每节课都提交，期中考核时提交一次，期末考核时提交一次。个人作业的目的是督促学生课后练习，帮助学生更好、更深入地了解动作体位，为小组讨论和组间讨论作准备。小组作业目的是对练习好的同学进行赞同，对练习不好的同学进行提醒。

1. 个人作业（只要是自己的真实感受即为及格，否则为不及格）

学生课下独立练习教师讲授的新动作体位，观看教师指定的视频，阅读教师指定的材料，完成个人作业，为自己练习瑜伽积累经验，为以后的终身体育积累科学锻炼的方法。

个人书面作业由 4 部分组成。

（1）练一练（动作要领）

该部分主要是动作体式的重点、难点，书写形式可以多样性，可以用文字描述，也可以用图形表示，比如单线图。

（2）想一想（心理感受）

该部分主要是自己练习时的心理感触，并且感受最深、受益最大、最欣赏的部分等（可以是心理感受，也可以是肢体感受）。

（3）帮一帮

在练习的过程中碰到的疑惑、难点等。

（4）考一考

感觉自己练习过程中比较好的部分，写下来与其他同学进行分享。个人作业一学期上交两次，至少需要一次及格。

录下一段自己课下练习的视频，时间3分钟左右。

2. 小组作业（Discussion）（一个小组一个等级，要及格都及格，否则都不及格）

小组作业在小组讨论和组间讨论后教师进行现场抽查，并对动作进行分析。小组成员也可以自己评价自己做得好的地方，以及以后小组需要加强的地方。每个小组有两次上台展示分享的机会，至少需要一次及格。

（四）成绩评价

成绩＝考勤及格＋1 次个人作业及格＋1 次小组作业及格＋素质考核及格。

考勤：无故旷课 3 次以上者，视为考勤不及格；课前请假，并且有 5 次以上辅导员签字的假条者，视为考勤不及格；对于迟到或上课不认真的学生，教师视情况而定。

对于素质考核，学院每学期统一安排。

三、对分课堂在社会体育专业瑜伽普修课中的思考

社会体育专业瑜伽课程属于普修课程，32 学时，80%的成员是男生。对社会体育专业的学生来说，瑜伽是一门专业课程，经过一个学期的学习，学生自己不但要懂得如何正确地练习瑜伽，而且还可以指导别人进行正确的瑜伽练习，因此需要同时提高学生的技能和教学能力，可采用不完全对分的模式。

（一）准备部分

第一次课除讲解课堂常规、该学期教学内容、教学方法及所用工具以外，还需要把瑜伽的起源、分类及瑜伽在当今社会存在的现状给学生讲解清楚，让学生明白瑜伽在人们心目中的地位，以及瑜伽对于社会体育专业学生的重要性。

第二次课使用对分课堂，课堂讨论中，学生分组讨论自己对瑜伽的了解，提出自己对瑜伽课堂的期望及要完成的学习目标；课堂讲授中，讲授新体式；内化吸收时，学生课下练习课上学习的体式，并完成个人作业。

从第三次课开始使用不完全对分课堂。

（二）实施步骤

1. 课堂热身过程

每次课开始的 10 分钟，在音乐伴奏下学生进行自主调息和热身体式练习，目的是让学生明确，呼吸是瑜伽的灵魂，热身是运动时必不可少的一部分，同时让学生从心理到身体都进入瑜伽状态。

2. 课堂讨论过程（30 分钟）

小组讨论（10 分钟）时，社会体育专业的学生在课下练习体式的时候会有很多感受，所以讨论也会十分激烈，但多在于身体肌肉、韧带的感受。小组讨论后组间讨论（5 分钟），重点讨论闪光点和疑难问题。讨论后小组上台展示并分享自己的练习心得（10 分钟），教师总结讨论展示结果（5 分钟）。

3. 课堂讲授过程（30 分钟）

教师课堂带领学生学习下一个动作体位组合动作要领、重点、难点及关键点等。重点强调呼吸细匀深长、神气内敛、因人而异。瑜伽许多姿势体位，来源于自然界中的动物、植物，讲授时配合讲解动、植物的特点，方便学生理解、练习。

4. 内化吸收过程

课后学生阅读课本资料并观看教师指定的视频进行练习，并且完成个人作业。

（三）作业要求

作业具体的要求与公共体育课瑜伽选项课一样，只是社会体育专业的学生除了要写出练习时的心理感受、肌肉感受外，还要加上体式在什么情况下使用，如何应用及如何教学，并且要对动作要领进行绘图。

（四）成绩评价

成绩＝考勤 10 分＋平时作业 30 分＋技术考核 30 分＋技能考核 30 分。

考勤：旷课一次 3 分，请假一次 2 分。

平时作业：5 次书面作业 20 分，2 次视频作业 10 分。

技术考核：所学瑜伽的 3 个组合中随机抽 1 个组合，教师和学生共同评分。

技能考核：根据所学的瑜伽技术和理论，编排理疗肩颈组合，并讲解教学特点。

第二节 对分课堂教学效果反馈

一、学生评价

学期末在与学生面谈交流中得知，大多数学生认为，在对分瑜伽课堂上可以学到更多的知识，可以把瑜伽练习和生活融合一起，形成一种健康的瑜伽生活方式；练习瑜伽，可以找到自我，更加爱惜自己，更加珍惜当下的生活，把自己的大学生活变得更加简单而充实；练习瑜伽懂得了感恩，懂得了天道自然；练习瑜伽很轻松，很舒服，既提高了身体素质，又提高了心理素质；瑜伽课考试很容易，不需要专门的练习，平时按时完成作业，考试时尽力就可以了。所有这些都是学生对瑜伽课堂的肯定，都是对对分课堂的肯定。

（一）从学生作业上可以看出学生对瑜伽的喜爱

每节课的作业，学生都做得非常认真，同时作业里也充满了满满的感动和正能量。由于作业是学生练习瑜伽体式时的内心感受和肌肉感受，每个同学的作业都千奇百怪。这些作业既是学生内心的真实反应，也是学生个体差异的一种体现。学生对瑜伽课堂充满了感激，感谢瑜伽课堂让她们释放了压力，找到了自我，增强了自信心，提高了身体素质。

（二）从学生成绩可以看出对分课堂的效果良好

期末的考核，学生均对自己的成绩表示满意，认为自己的付出有了回报，并且在付出的过程中收获满满，感动满满。在学生的期末考试中，学生们的体式中充满了各自的节奏感，每个人的动作体式都是不同的，但是又让人感到和谐，和而不同，大道自然。

（三）从学期末的问卷调查可以看出学生对对分课堂的肯定

为了检查实施一个学期对分课堂学生的感受情况，笔者分别对学生进行了当面访谈和问卷调查，调查结果如表 4-1 所示：

表 4-1　对分课堂效果调查表（n=150 人）

课堂环节	喜欢/%	一般/%	不喜欢/%
分组讨论	97	0	3
展示部分	85	10	5
教师总结部分	97	3	0
讲授部分	90	5	5
作业部分	85	10	5

大约 97%的学生认为课堂的分组讨论非常有收获，既学习到瑜伽知识，又增加了同学们之间的友谊，提高了自制力，大约 3%的学生不喜欢与同学一起讨论，喜欢自己练习；大约 85%的学生喜欢学生展示部分，学生展示部分不仅是技能的展示，还是学生练习心得的分亨、心理素质的提升。大约 10%的学生认为上台展示，增加了

他们的压力，5%的学生不喜欢上台展示；大约97%以上的学生喜欢对分瑜伽课堂教师总结部分，认为展示后教师的总结更有针对性，好多知识更容易理解。这不仅让他们知道了如何正确地练习瑜伽，如何正确地锻炼身体，同时在瑜伽练习的过程中明白了很多生活的道理，大约3%的学生认为教师讲授的生活道理和瑜伽课堂不相关；90%的学生认为教师在对分课堂的讲授部分更加简明扼要，简单易懂，5%的学生觉得老师讲解得不够仔细，5%的学生认为老师讲授得太简单了；大约85%的学生对平时作业和期末考评成绩表示满意，并且认为这样重在过程，学生懂得了尽力而为的道理；大约10%的学生认为对分课堂考核方式不公平，自己柔韧性很好，最后的成绩却与柔韧性差的同学一样，大约5%的学生认为平时作业太多了而增加他们的负担。

此外，学生经过一个学期的对分课堂学习，不仅学习方面有了提升，其他方面也有了很大的进步。例如，随身物品摆放得比以前整齐，课后门窗自觉关上，垃圾随身带走，学生之间互相礼让、打招呼等，这都是以前课堂所没有的。

二、督导组听课反馈

学校督导组每个学期都会有几次听课，并且督导组成员是学院非常有经验的老教师，每次课后笔者都会去征求他们的指导意见，希望借此机会提高课堂质量。这学期听课时，并没有提前给督导组说明采用的是对分课堂，课后征求意见时，督导教师说：“课很紧凑，节奏很好，学生练习得很认真，进步很大。”当督导教师知道采用的对分课堂时，督导教师说："以后就用这种模式，这种模式很好。"

三、同事评价

由于实行了新的教学模式，系领导决定召集全系教师听课，为了让同事看得明白，特地在每份教案后附了教学大纲和教学日历。课后同事评价："课上得挺好的，只是感觉新的教学模式就比传统的教学模式多了个讨论。""每节课都有作业会不会增加学生的负担？"对同事的疑问我都一一作了回答：①虽然对分课堂教案与传统课堂的教案没有很大变化，可是备课的时间实际上比以前长了，要花很多时间去查资料，以解答学生的课堂疑惑，这促使教师可以更好地深入学习瑜伽，提高专业水平；②学生通过课下练习内化吸收，课堂讨论的时候带着自己的理解和感受进行，对课上学习的东西理解更深，体式记得更牢，练习起来更有感觉、有灵魂；③侧重平时成绩，减轻了学生期末考试时的负担，让期末总成绩更公平；④课下作业不会增加学生负担，学生都是利用闲暇来完成课下作业的。一般来说，学习动作体式时，我都会告诉学生这个动作适合什么时间练习，比如课间、睡觉前、起床前、排队等候等时间。同事们表示也要尝试一下对分课堂模式。

四、教师自评

实施了一个学期的对分课堂，课堂效果显而易见，主要表现在以下几个方面。

（一）出勤率提高

以前上课时，总有学生请假、见习、旷课，而现在基本上没有旷课的，请假的变少了，真的有事的学生总是想办法在其他时间补回来，见习的学生也有了很大的变化，以前就是直接坐在边上玩手机，现在见习的学生课前会主动请假说："老师我这几天不舒服，可能有些动作做不了。"那么教师就会告诉她们注意事项，课程中除个别动作不能做外，其他动作体式也照样做得很好。按学生自己的话说，"不上课会错过很多东西"。

（二）上课的效率提高

以前一节课学习三四个动作，下次课复习时学生都记得不是很清楚，跟学习新动作没什么两样。现在一节课有时一个组合学习七八个动作，学生课下练习、下节课讨论复习时，完成得非常好。尤其是复习课体现得更明显，以前复习课与新授课差不多，要重新讲解动作要领，教师感觉到筋疲力尽，每节课满堂灌，得不到休息；而现在上复习课学生都练出了自己的感觉。重点在于用语言引导学生进行更深层次的感受，纠正一些较难动作就可以了。

（三）学生对瑜伽的理解加深

以前在学期末考核的时候，感觉学生的瑜伽动作就是垫上操，而这学期学生的考核，很明显学生作出了自己的节奏感。真真正正地练习瑜伽，身心投入地练习。

（四）学生之间的关系更和谐

公共瑜伽选项课的学生来自各个学院各个班级的同学，大家聚在一起上课是一种缘分，可是由于学生人数多、交流机会少，直到学期末好多人也相互不认识，而对分课堂交流给学生提供交流学习的机会，好多同学到学期末都成了非常好的朋友。

（五）教师的职业成就感提升

体育老师和大学生的关系可以说得上是熟悉的陌生人，老师一个学期大约要带 400 多个学生，对学生顶多是脸熟。而学生呢，一个学期的课上完了，不知道老师姓啥名谁，有的连老师的相貌特征都说不上来，感觉作为体育老师特别没有职业成就感。实行对分课堂后，发现学生对老师的信任提高了，关系密切了，对瑜伽理解得更深了，对老师也更尊重了。这主要表现在以下几个方面：首先，下课后好多学生围住教师问问题，主动加教师的微信、QQ 等；其次，路上遇见教师，很热情地给教师打招呼；最后，还有的学生遇到与运动有关的事情，打电话咨询教师。这些无疑都说明了学生和体育教师的关系升级了，教师的职业成就感提高了。

第五章

体育课程运用对分课堂教学模式的反思

第一节　运用对分课堂教学模式的意义

一、建立一种真正平等的师生关系

“对分课堂”最为重要的是引导学生投入课堂，主动学习。为了更好地设计讲授、内化吸收和讨论，教师自然地放下权威，耐心地通过作业和讨论了解学生的学习基础，重新审视自己讲授部分的框架、重点难点，更有针对性地设计作业和讨论环节的问题。学生可以更多地审查自己知识结构中的不足，进而通过与同学的交流及与教师的互动，获得弥补和完善。在运用对分课堂的过程中，因为肯定教师和学生两者的价值和意义，通过作业、讨论为教师和学生的互动提供平台，教学真正成为教师和学生共同组成的活动，课堂真正成为明确教师和学生权利和责任的课堂。在这种权责分明的交互学习中，教师和学生的关系成为一种真正平等、合作的关系。

二、促进教师的专业成长

在对分课堂上，教师只需要把握精要，把其他内容留给学生学习，备课量显著减少。教师少了机械性讲授的部分，更多的内容在于加强对学生学习的指导。因此，对分课堂教学要求体育教学论教师加强对课程教学内容的研究，提炼讲授部分的重点，根据内容和学生的基础设计作业和讨论的问题，不仅对教学理论进行研究，还需要深入中小学体育教学的实践，了解基础教育改革的现状，把握基础教育体育教学的要求，并在体育教学论课程的教学中理论联系实际，更有针对性地指导学生的理论学习和实践运用。通过这种良性的互动，教师自身的理论研究深度和教学指导能力都得以提升，最终实现自身的专业成长。

三、推进基础教育体育教学改革

未来的教师角色已从传统的知识传授者转变为学习信息的传递者和创编者，这要求教师有很强的学习能力和创新能力。作为一门教导学生如何教学的课程，体育教学论实施对分课堂教学模式必然要求教师结合中小学体育教学实践反思教学理论。学生所学教学理论知识必须通过实践得到运用和创新。通过学习，学生不但具备基本的体育教学理论和技能，而且有着创新性的教学能力，可实现多维发展。更重要的是，通过对分课堂的实施，学生更深刻地理解了教学的本质，领悟教学活动中教师和学生的关系，为学生以后自己开展教学活动建立基本而正确的认识。

显然，体育教学论实施对分课堂教学模式不仅让学生具备了基本的教学技能和创新能力，其本身的教学模式还深深影响着学生教学理念的形成。如此，学生在以后的岗位中不但能顺应基础教育课程改革的需要，而且能深入推进基础教育体育教学改革。

第二节　运用对分课堂教学模式对教师的要求

一、先进的教学观念

对分课堂教学模式采用讲授、内化吸收和讨论三个基本教学环节，不同课程在实施三个教学环节时的时间、组织形式等，会因为课程目标、教学内容和学生特点的不同而不同。那么，进行教学设计和实践如何把握要求？很重要的一点是教师持有与时俱进的教学理念。教师首先必须清晰地认识到，当前信息化社会高校课堂教学不仅是学生理解知识的重要途径，更重要的目标是培养学生的创新能力和探索精神。这需要学生主动参与课堂，能动地完善知识结构，所有的教学设计都应充分尊重学生的学习基础和思维方式，有效地鼓励学生参与课堂，最终让学生在学习过程中获得成就感和自信。

二、问题提炼能力

在实施对分课堂教学模式的过程中，不管是内化吸收教学环节，还是讨论教学环节，设计合理、有效的问题非常关键。体育教学论实施对分课堂的第一个问题是体育教学目标，在设计讨论主题时，第一个班的题目是“分组交流自己的作业，并以一份作业为例，完善评价和修改，最后总结体育教学目标的制定要求”。学生因为对体育教学目标的认识还不够，在问题的理解上还不成熟，在讨论中很多小组出现不得要领的现象。通过在讨论中学生间不断的交流，讨论的主题逐渐清晰和明确，学生最终清楚这次讨论课的目的是通过分析组员作业的优点、缺点，总结评价体育教学目标的依据，从而完成最终的问题：“体育教学目标应该包含的内容、设计体育教学目标的注意事项。”当问题清楚、目的明确，讨论的针对性也就越凸显，学生的学习效果更好。设计明确、具体的讨论问题考验的是教师对问题的提炼能力。问题的内容不仅需要围绕该章节问题的学习目标，而且必须符合学生的学习基础和思维方式。因此，教师的专业能力和逻辑思维能力在问题设计环节都显得尤为重要。

三、多种方式鼓励学生参与

对分模式实施成功的重要标志是学生参与课堂的程度。从讲授环节开始，教师可以通过跟学生梳理问题的重点及提前讲明教师讲授与作业、讨论之间的关系，帮助学生认识到讲授的重要性。在内化和讨论环节，过程性评价是鼓励学生参与的重要手段。因为学生每次的学习情况都将通过作业分数和讨论分数得以体现，学生学习的紧迫性和积极性自然提升。为避免学生为了获得讨论分数，只是积极撰写讨论总结，而不深入交流问题，可设计多个讨论问题，层层深入，并逐步下达讨论任务，让学生一步一步根据问题深入讨论。每个班总会有理解能力较强与理解能力较差的学生，对于理解能力较强的小组可以通过汇报讨论结果和回答问题的方式鼓励他们进行展示，提高学生学习的自信心；而对于理解能力较差的小组主要在讨论过程中多加指导和鼓励，同样也能激发学生学习的积极性。

第三节 运用对分课堂教学模式的收获

对分课堂教学模式在体育教学论教学过程中的运用，很好地解决了理论与实践相结合的问题，促进了学生和教师的成长。该模式不仅有效地提高了学生对教学知识的理解，还强化了学生学习的能力和创新意识的提升，对教师专业知识和教学能力上提出了更高的要求，加速了教师的专业成长。针对对分课堂教学模式实施的问题，我们还将继续推进体育教学论教学改革。

自大学健美操课程运用对分教学模式以来，学生对课程表现出了极大的兴趣，课程结束后，从学生眼神中流露出舍不得离开课堂，每个班都有学生要求合影留念，当看到学生朋友圈发布对健美操课堂的付出和依依不舍，作为教师也产生了一种前所未有的成就感，这里要谢谢张学新教授的悉心指导和点拨，同时也道一声，同学们辛苦啦，谢谢你们的支持与配合！

大学瑜伽课传统的教学模式，总觉得学生练得太少，做的体式像广播体操，用了很多方法，效果都不是很好。可经过一个学期的对分课堂尝试，笔者觉得终于找到了适合瑜伽教学的方法。学习效果教师自己看得是最清楚的，学生学习更积极，动作体式做起来像大师，很有瑜伽的感觉，学生之间的关系融洽，对教师的信任更高了。

使用对分课堂前，笔者还是很紧张的，尤其是领导看了教学日历之后说要听课，每天，笔者只要有时间就看其他教师的案例，就琢磨怎么样才能更好地完善瑜伽课堂。说实话，刚开始上对分课堂的时候，有很多不适应，很害怕大量的时间用在学生讨论和展示练习上，担心教学任务能不能完成。可是学生的表现给了笔者莫大的鼓励，在学生课堂展示时，学生在评价自己体式和别人体式的时候，突然发现学生的潜力无限，只是平时没有机会，她们提出的好多问题都出乎意料，这也督促教师进一步学习，学生和教师可以互助学习、共同进步。相信越来越多的学生会喜欢并爱上瑜伽。

参 考 文 献

安晓丽. 2015. 关于“对分课堂”是否适合高中课堂的几点思考. 教育时空, (5): 168.

布卢姆, 等. 1986. 教育目标分类学. 罗黎辉, 等译. 上海: 华东师范大学出版社.

陈萍. 2013. 实践取向理念下开展学科教学论课程情景性学习的策略. 江苏师范大学学报(教育科学版), 4(3): 26-28.

陈瑞丰. 2016. 对分课堂: 生成性课堂教学模式探索. 上海教育科研, 3: 71-74.

杜艳飞, 张学新. 2016. “对分课堂”: 高校课堂教学模式改革实践与思考. 继续教育研究, 3: 116-118.

方均斌. 2014. 克服“两种病态情结”, 推动学科教学论建设. 课程与教学, 12: 50-54.

高成. 2015. 学科教学论教师身份认同危机的成因及消解. 教师教育研究, 27(1): 12-16.

高思超. 2015. 新时期高师院校学科教学论发展中的问题及对策. 教师教育论坛: 51-54.

蒋溢. 2014. 近十年关于学科教学论教师的研究综述. 继续教育研究, 2: 69-72.

李秉德. 2007. 教学论. 北京: 人民教育出版社: 21-34.

李家清, 姚泽阳, 等. 2014. 我国学科教学论研究方法的现状透视与未来展望. 教育科学研究, 5: 26-30.

李建铁. 2015. 基于“对分课堂”创新思想政治理论课教学研究. 教育观察, 4(21): 93-95.

李金国. 2016. 高师院校学科教学论课程实施参与式教学研究. 重庆第二师范学

院学报, 29(2): 139-142.
李明高. 2015. 三“术”共生: 学科教学论课程教学的应然追寻. 淮阴师范学院学报, 37: 817-821.
李欣. 2016. 对分课堂: 有中国特色的大学教学新方法. 高校论坛, 10: 16-17.
李艳花, 姚宏. 2016. “对分课堂”在《旅游市场学》教学中的应用于反思. 教育教学论坛, 4: 232-233.
刘明秋. 2016. “对分课堂”教学模式在微生物学教学中的应用. 微生物学通报, 43(4): 730-734.
刘中猛. 2014. 学科教学论研·习·练实践教学模式探讨. 南京工业职业技术学院学报, 14(3): 64-66.
罗明礼. 2014. 学科教学论教师的职业困惑、原因及发展路径. 教育与职业, 805: 75-77.
毛振明. 2005. 体育教学论. 北京: 高等教育出版社: 113-121.
裴娣娜. 2009. 中国教学论学科的当代形态及发展路径. 教育研究, (3): 37-47.
丘名实. 2011. 高师学科教学论课程改革初探. 教育探索, (240): 40-41.
饶俊峰. 2016. 对分课堂在电气工程专业课程的应用. 课程教育研究, 1: 243.
宋慧敏. 2013.“小组合作学习与训练”在学科教学论中的应用. 教育理论与实践, 33(12): 48-50.
苏鏐鏐. 2016. 基于对分课堂的泛在学习模式在大学生思想政治教育中的应用. 思想教育研究, 258: 90-93.
田麦久. 2006. 运动训练学. 北京: 高等教育出版社: 46-47.
田振华. 2014. 我国教学论学科面临的主要问题及其发展空间的拓展. 西北师范大学硕士学位论文.
王世革, 黄明贤. 2016. 对分课堂教学模式与大学化学教学. 广州化工, 445: 211-212.
王霞. 2015. 对分课堂: 英语阅读教学的新探索. 课程教育研究, 12: 250-251.
徐波. 2015. 学科教学论教学改革构想. 教育探索, (10): 16-18.
杨淑萍, 王德伟, 等. 2015. 对分课堂教学模式及其师生角色分析. 辽宁师范大学学报(社会科学版), 38(5): 653-657.
张淑君. 2013. 实践教学: 增强学科教学论课程实效性的有效途径. 青海师范大学学报(哲学社会科学版), 35(3): 144-146.
张晓凤. 2014. 我国学科教学论的百年演变与未来发展. 当代教育科学, 23: 19-21.

张学新. 2014. 对分课堂：大学课堂教学改革的新探索. 复旦教育论坛，12(5)：5-10.

赵莉. 2015. “对分课堂”下的高职幼儿英语教学法课堂教学新模式. 当代教育实践与教学研究, 2015, (224): 210.

郑先红. 2012. 瑜伽教程. 北京：高等教育出版社: 5-7.

附　　录

想要参考更多体育对分课堂的内容，请扫描下发二维码，含：

· 体育教学论对分课堂教学中学生部分作业展示
· 体育教学论对分课堂教学模式教学日历表
· 体育教学论对分教学模式上课照片
· 大学健美操对分课堂教学中学生作业和上课照片
· 岭南师范学院大学体育健美操课程教学大纲
· 大学健美操对分课堂教学模式教学日历表
· 大学瑜伽对分课堂教学模式学生作业案例

作者简介

孙卫红 博士，副教授，岭南师范学院体育科学学院体育系主任，主要研究方向为学校体育学。主持广东省教育厅课题 5 项，在核心期刊和省级期刊发表论文 10 多篇。主讲“体育教学论”“学校体育学”等课程，主持校级教学改革课题“高校体育教学论课程对分课堂教学模式研究与改革实践”。

安剑群 副教授，岭南师范学院体育科学学院教师。华南师范大学硕士，北京体育大学青年骨干高级访问学者，获岭南师范学院精品课程和青年课堂大赛一等奖。

韩宝红 讲师，岭南师范学院体育科学学院瑜伽、健美操专职教师，华中师范大学硕士。

对分课堂教学手册丛书

书　名	作　者
对分课堂：中国教育的新智慧	张学新
对分课堂之高中语文	孙欢欢　闵紫雯　马迎红
对分课堂之高中英语	董宏革　王建勋　李　莉
对分课堂之高中数理化	杨　红　王银珠　梁　琨
对分课堂之中学地理	黄天锦　陈慧娟　马莉莉
对分课堂之初中英语	胡　真
对分课堂之高等数学	孙　帆　黄锦标　鲍丽娟　孙小春
对分课堂之高校思想政治理论课	陈瑞丰　黄　莺　韩秀婷　本志红
对分课堂之研究生公共英语	何　玲
对分课堂之大学心理学	王雨晴　安桂花　温婷婷　徐含笑　等
对分课堂之大学生物学	刘明秋
对分课堂之医学护理学	刘志平　岳梦琳　王继红　周　瑾
对分课堂之对外汉语	张长君
对分课堂之第二外语辅修与专业课程	钟　铃　陈修文　岳喜凤
对分课堂之高校体育类课程	孙卫红　安剑群　韩宝红
对分课堂之高校艺术类课程	马珊珊　魏　波　谭永定　刘明花　等
对分课堂之大学英语	陈湛妍　赵婉莉　王晓玲　丁丽红　等